発達障害を考える ❀ 心をつなぐ

発達障害のある子の

ケース別

サポート実例事典

東京学芸大学名誉教授
上野一彦 監修

杉並区立済美教育センター指導教授
月森久江 著

ナツメ社

東京学芸大学名誉教授

上野　一彦

　今世紀に入って特別支援教育の進展は著しく、そのきっかけには各界での発達障害の理解と対応の深まりがあります。この発達障害ということばは、教育、医学、心理学、福祉の現場で共通して使われる、学際的な用語という特徴もあります。

　医学では、米国発信のDSM（精神疾患の診断・統計マニュアル）と世界保健機構（WHO）によるICD（精神および行動の障害の診断ガイドライン）がその背景となり、わが国の政府はそれらをもとに統一した診断基準を検討・採用し、法的にも教育や福祉に大きな影響を与えています。ただ、変化の著しい領域でもあり、それぞれの専門領域によって用語の使い方には多少の時間的なずれがあります。

　この本は教育現場で先生方に利用していただく本なので、文部科学省の使う用語を尊重しつつ、新しい方向性も取り入れていきたいと思います。そこで、この領域における子どもたちへの特別な教育ニーズに、だれよりも早く気づきリードしてきたという自負から、わたしが長く理事長を務めてまいりました一般社団法人日本LD学会の編集による『LD・ADHD等関連用語集〈第4版〉』（日本文化科学社、2017年刊行）に準拠いたします。

　ことばには命があります。長く使ってまいりますと、時代や文化、人々の意識の変化によって、ことばにもその意味するところに変化が生じます。そうした変化そのものが大きな意味をもつのです。ただ、不変なのは、教育という営みが、子どもの個々のニーズにきちんと応えていくということです。このことを、本書を利用されるみなさんと大切にしたいと思います。

　子どもたちのニーズに応える支援や指導は、子どもたちやそれを実施する先生方、保護者のみなさんにとって具体的で受け入れやすく、また、十分な効果をあげなければ意味がありません。LDには「学び方の違い（learning differences）」という意味もあります。「わたしたちの教え方でうまく学ぶことができない子どもには、その子どもの学び方で教えなさい」ということばさえあります。それこそが、子どもに添った教え方の心理なのかもしれません。そんな気持ちを込めて、みなさんにお送りします。

杉並区立済美教育センター指導教授

月森　久江

　2010 年に発刊された『ケース別 発達障害のある子へのサポート実例集 小学校編』は、教育現場で子どもたちの指導にあたる先生のみならず、発達障害のあるお子さんをもつ保護者や、発達障害に関心をおもちの一般の方たちにも広く読まれてきました。

　この間、社会の発達障害に向けた関心の高まりや、特別支援教育の研修が行われることで、障害理解はかなり広まってきたという実感があります。その一方で、学校を含めた社会が、発達障害のある子どもたちに対して受容的になったかというと、残念ながら「そうではない」という印象が拭えません。発達障害であることを"レッテル貼り"にして、集団から排除しようとしたり、差別的な発言が根強くあることを痛感しています。そのようななか、2016 年に「障害者差別解消法」が施行され、個別の指導計画が立てられ、合理的配慮が提供されることになりました。

　そうした流れから、本書では、発達障害のある子どもをどう支援するかだけでなく、その子どもをとりまくほかの子どもたちにどのような指導をするか、また、学級全体をどう運営していくかという視点からも解説を加えました。

　多様性のある社会のなかで育った子どもは、障害の有無にかかわらず、広い視野で世の中を見つめ、寛容で思慮深い人間に成長します。障害のある子どもも、ない子どもも、同じ環境のなかでお互いを認め、お互いを尊重しながら育ち合うことができる学級づくりが理想だといえるでしょう。

　その実現のためには、保護者の理解や協力も欠かせません。発達障害のある子どもをもつ保護者の多くは子育てに深く悩んでいますが、周囲は得てして、その保護者に厳しいまなざしを向けるものです。保護者支援や他児の保護者への理解の求め方も重要なポイントになることから、本書では、保護者対応の在り方についても解説しています。

　この本が、多くの先生や教育関係者にとって、学級での指導や運営のしかたの参考になり、保護者とのかかわり方の指標となることで、結果として、一人でも多くの子どもたちの笑顔につながることを願ってやみません。

本書の見方

この本では、学校生活のなかで"困っている"子どもが抱えている困難の背景や原因、すぐにできる対応法、その子どもとクラス全体の両方をサポートするための指導のヒントなどを、場面別にわかりやすく紹介しています。

ポイント 1 ## よくみられるつまずきとサポートの実例

サポートが必要な子どもの困難を、「行動」「授業」「生活面」「対人関係」「学習面」の場面に分け、背景や原因、対応法を解説しています。

子どものつまずき

背景として考えられる原因

周囲の子どもたちへの声かけや対応のしかた、サポートについてのアドバイス

問題が起こったとき、その場ですぐにできる対応法（その場でマーク）や、予防のために工夫できること

子どもをサポートする前に知っておきたいこと

サポートが必要な子どもとは、どのような子どもなのでしょう。子どもをサポートする前に知っておきたい基礎知識や支援の在り方、授業や教材の工夫などについて解説しています。

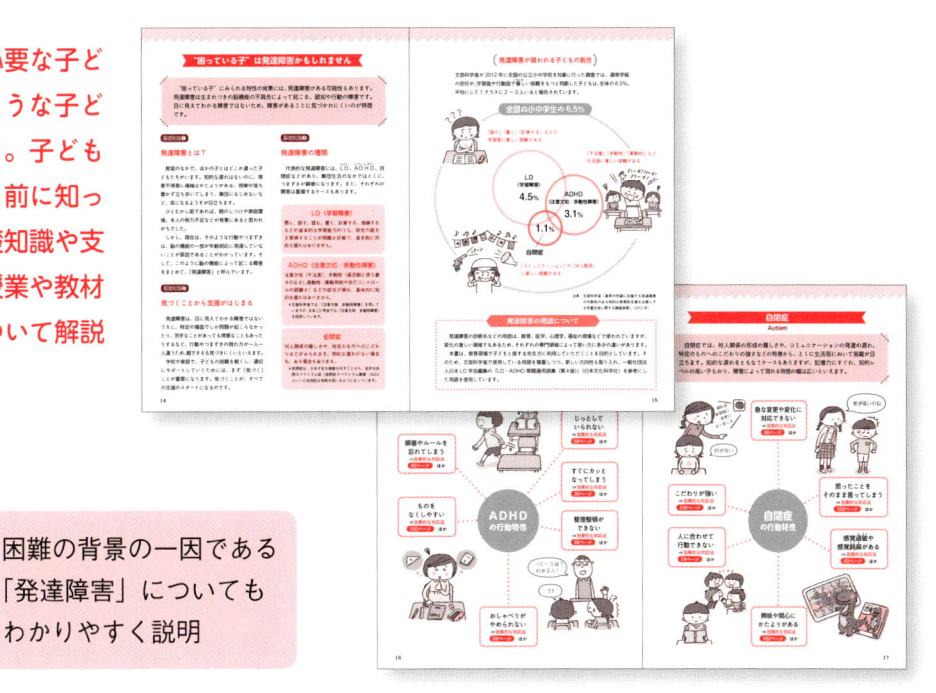

困難の背景の一因である「発達障害」についてもわかりやすく説明

保護者への接し方と専門機関との連携

保護者との電話連絡や、面談の方法なども具体的に紹介

子どもを十分にサポートしていくためには、保護者の気持ちに寄り添いながら、協力し合っていくことが重要です。保護者への接し方や、専門機関との連携方法などを紹介しています。

contents

本書の見方 ··· 4

巻頭 サポートの前に知っておきたいこと

- 教室のなかの“困った子”とは？ ····················· 11
- “困った子”とは“困っている子” ····················· 12
- “困っている子”は発達障害かもしれません ··········· 14
- ADHD（注意欠如／多動性障害） ··················· 16
- 自閉症 ·· 17
- LD（学習障害） ······································ 18
- 診断名にとらわれず支援していく ····················· 19
- “困っている子”への接し方の基本 ··················· 20
- 学校での支援の在り方 ································· 22
- 授業の内容や教材を工夫する ························· 24
- 切れ目なく支援し続ける ······························ 26

サポート実例1 行動の課題

1 教室を飛び出す ····································· 28
2 他人を傷つける ····································· 30
3 自分を傷つける ····································· 32
4 人のものをだまって使う ····························· 34
5 乱暴なことばを使う ································· 36
6 かんしゃくを起こす ································· 38
7 特定の音をいやがる ································· 40
8 ぼーっとしてしまう ································· 42
9 勝ちや100点にこだわる ····························· 44
10 方法や手順にこだわる ····························· 46
11 予定変更が受け入れられない ······················· 48
column 「コミュニケーション障害」は発達障害？ ········ 50

サポート実例2 授業の課題

こえのものさし

1	人の話が聞きとれない	52
2	指示に従えない	54
3	落ち着きがなくじっとできない	56
4	おしゃべりがやめられない	58
5	声の大きさが調節できない	60
6	姿勢を保って着席できない	62
7	指名してもらおうとアピールする	64
8	順番やルールが守れない	66
9	質問に的確にこたえられない	68
10	困ったときに助けを求められない	70
11	整列できない	72
12	人に合わせて行動できない	74
13	積極的になれない	76
14	活動の切りかえが難しい	78
15	授業の準備ができない	80
16	計画が立てられない	82
17	苦手な課題に取りかかれない	84
18	実習で危険な行動をとる	86
19	運動会などの練習に参加できない	88
20	校外活動に参加できない	90
21	朝会や集会に参加できない	92
column	幼稚園・保育園と小学校との連携	94

サポート実例3 生活面の課題

1	整理整頓ができない	96
2	持ちものや約束を忘れやすい	98
3	ものをなくしやすい	100
4	優先順位がつけられない	102
5	最後までやり遂げられない	104

6 好きなことがわからない …………………………………… 106

7 得意不得意がわからない …………………………………… 108

8 体の不調を伝えられない …………………………………… 110

9 インターネットやゲームに熱中しすぎる ………… 112

10 着がえに時間がかかる ……………………………………… 114

11 脱いだ服をたためない ……………………………………… 116

12 ボタンやスナップが留められない ………………………… 118

13 身だしなみを整えられない ………………………………… 120

14 上履きや靴下をはきたがらない ………………………… 122

15 係の仕事をしない …………………………………………… 124

16 給食でつまずく ……………………………………………… 126

17 給食当番ができない ………………………………………… 128

18 危険なことがわからない …………………………………… 130

19 休み時間の過ごし方がわからない ……………………… 132

20 校内で迷子になる …………………………………………… 134

21 登下校中に迷子になる ……………………………………… 136

22 学校を休みがちになる ……………………………………… 138

column 反抗期の子どもには運動が効果的 ………………………… 140

サポート実例4 対人関係の課題

1 グループで孤立する ………………………………………… 142

2 会話に割り込んでしまう …………………………………… 144

3 自分から人にかかわれない ………………………………… 146

4 ルール違反に厳しすぎる …………………………………… 148

5 攻撃的な態度をとってしまう ……………………………… 150

6 人との約束が守れない ……………………………………… 152

7 意思表示がうまくできない ………………………………… 154

8 自信がもてない ……………………………………………… 156

9 相手のいやがることを言う ………………………………… 158

10 場の空気が読めない ………………………………………… 160

11 興味のある話しかしない …………………………………… 162

12 お礼やお詫びができない ………………………………… 164

13 ボディータッチが多い ………………………………… 166

14 からかわれてしまう ………………………………… 168

15 異年齢の子どもとかかわれない ……………………… 170

16 同年齢の子どもとかかわれない ……………………… 172

`column` 先生自身の「アンガーマネジメント」 ……………… 174

サポート実例5 学習面の課題

1 文字に関心がない ………………………………… 176

2 文章をスムーズに読めない ……………………… 178

3 文章の意味が理解できない ……………………… 180

4 ひらがなが書けない ……………………………… 182

5 漢字の読みが覚えられない ……………………… 184

6 漢字を正しく書けない …………………………… 186

7 文字をていねいに書けない ……………………… 188

8 なぞり書きができない …………………………… 190

9 板書を写すのが苦手 ……………………………… 192

10 聞き書きができない ……………………………… 194

11 作文が苦手 ………………………………………… 196

12 数量の概念がわからない ………………………… 198

13 数えるのが苦手 …………………………………… 200

14 計算が苦手 ………………………………………… 202

15 文章題が解けない ………………………………… 204

16 図形が把握できない ……………………………… 206

17 動作がぎこちない ………………………………… 208

18 リズムに合わせて動けない ……………………… 210

19 人の動きをまねるのが苦手 ……………………… 212

20 疲れやすく運動を続けられない ………………… 214

21 鉄棒や跳び箱が苦手 ……………………………… 216

22 水泳ができない …………………………………… 218

23 ボール運動が苦手 ………………………………… 220

24 はさみがうまく使えない ······················· 222

25 のりや粘土が使えない ························· 224

26 プリントなどをていねいに折れない ············· 226

27 作品をていねいにつくれない ················· 228

28 発表が苦手 ······························· 230

29 楽器の演奏が苦手 ························· 232

30 教わったことを忘れてしまう ················· 234

column 親が発達障害当事者というケース ········· 236

保護者との連携 適切な支援をするために

● 保護者への対応のしかた ····················· 238

● 保護者に対する接し方の基本 ················· 242

● 保護者対応の具体例 ······················· 246

● 専門機関と連携する ······················· 250

● 子どもの困難に気づいてもらう ··············· 252

● 保護者との面談の進め方 ····················· 254

参考文献

上野一彦・月森久江著『ケース別 発達障害のある子へのサポート実例集 小学校編』（ナツメ社）

月森久江編集『教室でできる特別支援教育のアイデア 172 小学校編』（図書文化）

月森久江編集『教室でできる特別支援教育のアイデア 小学校編 Part2』（図書文化）

サポートの前に知っておきたいこと

学級のなかで、ほかの子どもとはどこか違っていて、生活面や学習面でのつまずきの多さが
気になる子どもがいます。困っている子どもに気づき、その背景を理解して
適切な支援をするために、必要な知識や配慮について紹介します。

教室のなかの"困った子"とは？

ほかの子どもと
同じように
みえるのに…

特定の状況になると
つまずきが目立つ

ワーワー！

　ふだんはとくにかわったようすがないようにみえますが、ある特定の状況にお
かれると、行動に課題が目立つ子どもがいます。集団生活のなかでは、その特性
が受け入れられにくいため、本人も集団のなかで生活しにくくなります。

"困った子" とは "困っている子"

"困った子" とは、実は "困っている子" なのです。子どものようすをよく観察し、その姿から困っていることはなにかや、それぞれの特性を見極めることが大切です。特性の違いによって、接し方や支援のしかたもかわってきます。

わ…た…し…の

読み書きが
苦手

算数が
苦手

ＡＴＯというのは、自動列車運転装置のことで…

興味や関心に
かたよりがある

ワー　ワー　やだよー

もう30分も
泣いてるよ

気持ちや行動の
切りかえが苦手

えーん
えーん

パニックに
なることが
ある

"困っている子" は発達障害かもしれません

"困っている子"にみられる特性の背景には、発達障害がある可能性もあります。発達障害は生まれつきの脳機能の不具合によって起こる、認知や行動の障害です。目に見えてわかる障害ではないため、障害があることに気づかれにくいのが特徴です。

基礎知識①

発達障害とは？

教室のなかで、ほかの子とはどこか違った子どもたちがいます。知的な遅れはないのに、得意不得意に極端なかたよりがある、授業中落ち着かず立ち歩いてしまう、集団になじめないなど、気になるようすが目立ちます。

ひとむかし前であれば、親のしつけや家庭環境、本人の努力不足などが背景にあると思われがちでした。

しかし、現在は、そのような行動やつまずきは、脳の機能の一部が年齢相応に発達していないことが原因であることがわかっています。そして、このように脳の機能によって起こる障害をまとめて、「発達障害」と呼んでいます。

基礎知識②

気づくことから支援がはじまる

発達障害は、目に見えてわかる障害ではないうえに、特定の場面でしか問題が起こらなかったり、苦手なことがあっても得意なこともあったりするなど、行動やつまずきの現れ方が一人一人違うため、親でさえも気づきにくいといえます。

学校や家庭で、子どもの困難を軽くし、適切にサポートしていくためには、まず「気づく」ことが重要になります。気づくことが、すべての支援のスタートになるのです。

基礎知識③

発達障害の種類

代表的な発達障害には、LD（エルディー）、ADHD（エーディーエッチディー）、自閉症などがあり、集団生活のなかではとくに、つまずきが顕著になります。また、それぞれの障害は重複するケースもあります。

LD（学習障害）

聞く、話す、読む、書く、計算する、推論するなどの基本的な学習能力のうち、特定の能力を習得することが困難な状態で、基本的に知的な遅れはありません。

ADHD（注意欠如／多動性障害）

注意欠如（不注意）、多動性（過活動と落ち着きのなさ）、衝動性（衝動抑制や自己コントロールの困難さ）などの症状が現れ、基本的に知的な遅れはありません。

＊文部科学省では、「注意欠陥／多動性障害」を用いていますが、日本LD学会では、「注意欠如／多動性障害」を採用しています。

自閉症

対人関係の難しさや、特定のものへのこだわりなどがみられます。知的な遅れのない場合も、ある場合もあります。

＊自閉症は、さまざまな様態を示すことから、近年は自閉スペクトラム症（自閉症スペクトラム障害：ASD）といった包括的な名称を用いるようになっています。

（発達障害が疑われる子どもの割合）

文部科学省が 2012 年に全国の公立小中学校を対象に行った調査では、通常学級の担任が、学習面や行動面で著しい困難をもつと判断した子どもは、全体の 6.5%、平均にして 1 クラスに 2 〜 3 人いると報告されています。

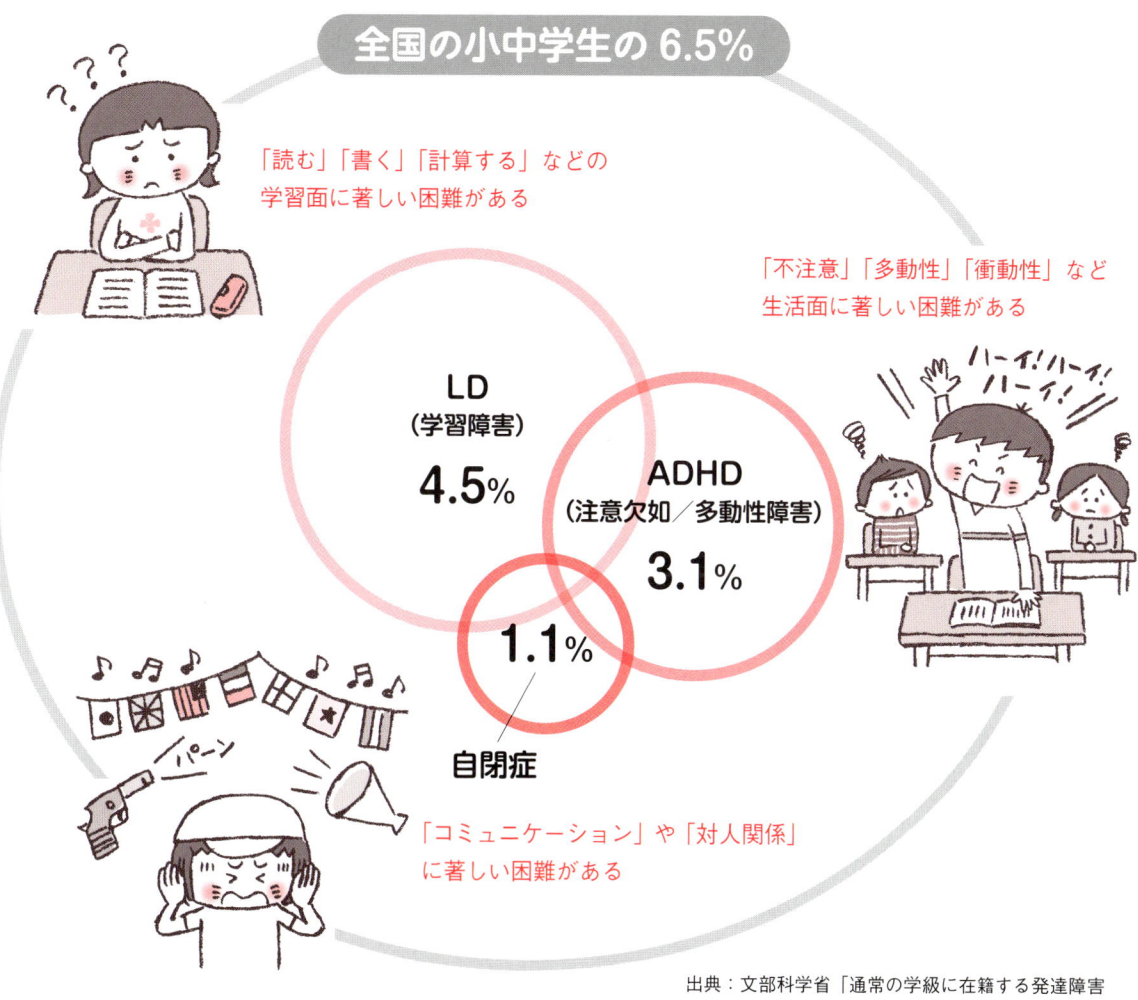

全国の小中学生の 6.5%

「読む」「書く」「計算する」などの学習面に著しい困難がある

「不注意」「多動性」「衝動性」など生活面に著しい困難がある

LD
（学習障害）
4.5%

ADHD
（注意欠如／多動性障害）
3.1%

1.1%

自閉症

「コミュニケーション」や「対人関係」に著しい困難がある

出典：文部科学省「通常の学級に在籍する発達障害の可能性のある特別な教育的支援を必要とする児童生徒に関する調査結果」（2012 年）

発達障害の用語について

　発達障害の診断名などの用語は、教育、医学、心理学、福祉の現場などで使われていますが、変化の激しい領域でもあるため、それぞれの専門領域によって使い方に多少の違いがあります。

　本書は、教育現場で子どもと接する先生方に利用していただくことを目的としています。そのため、文部科学省で使用している用語を尊重しつつ、新しい方向性も取り入れ、一般社団法人日本 LD 学会編集の『LD・ADHD 等関連用語集〈第 4 版〉』（日本文化科学社）を参考にした用語を使用しています。

ADHD（注意欠如／多動性障害）

Attention Deficit / Hyperactivity Disorder

ＡＤＨＤ（エーディーエッチディー）は、日本では「注意欠如（ちゅうい けつじょ）／多動性障害（た どうせい）」と呼ばれています。ＡＤＨＤには、注意散漫（さんまん）さが前面に出る不注意優勢なタイプ、落ち着きのなさや衝動性が前面に出る多動・衝動優勢タイプ、両方の特徴が混合して存在するタイプの３つがあり、学習面、生活面での困難は大きいといえます。

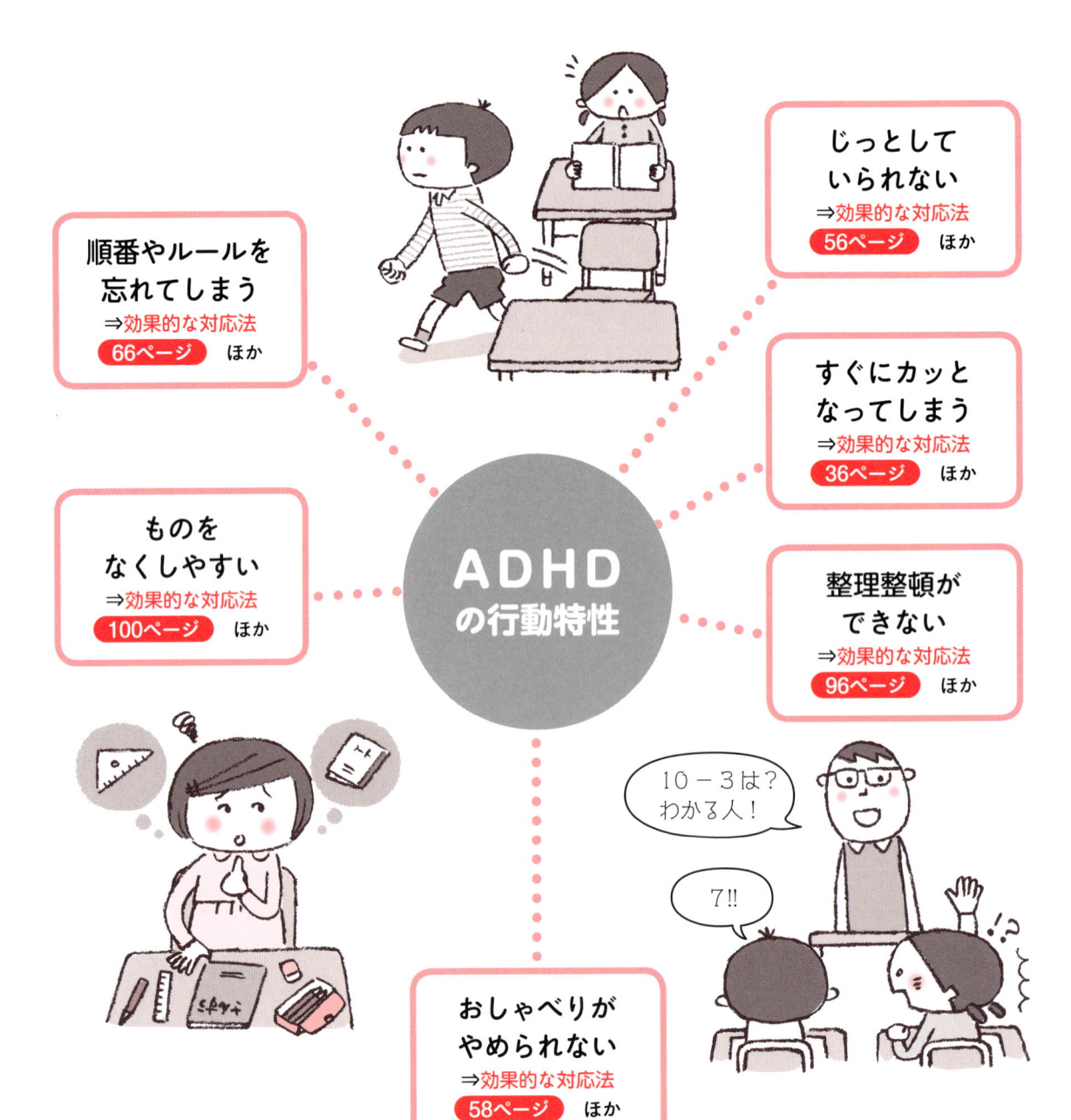

じっとして
いられない
⇒効果的な対応法
56ページ　ほか

順番やルールを
忘れてしまう
⇒効果的な対応法
66ページ　ほか

すぐにカッと
なってしまう
⇒効果的な対応法
36ページ　ほか

ものを
なくしやすい
⇒効果的な対応法
100ページ　ほか

ADHD
の行動特性

整理整頓が
できない
⇒効果的な対応法
96ページ　ほか

10－3は？
わかる人！

7!!

おしゃべりが
やめられない
⇒効果的な対応法
58ページ　ほか

自閉症

Autism

　自閉症では、対人関係の形成の難しさや、コミュニケーションの発達の遅れ、特定のものへのこだわりの強さなどの特徴から、とくに生活面において困難が目立ちます。知的な遅れをともなうケースもありますが、記憶力にすぐれ、知的レベルの高い子もおり、障害によって現れる特徴の幅は広いといえます。

朝礼は体育館に変更になりました

行かない

急な変更や変化に対応できない
⇒効果的な対応法
48ページ　ほか

背が低いのね

思ったことをそのまま言ってしまう
⇒効果的な対応法
158ページ　ほか

こだわりが強い
⇒効果的な対応法
148ページ　ほか

自閉症の行動特性

人に合わせて行動できない
⇒効果的な対応法
74ページ　ほか

感覚過敏や感覚鈍麻がある
⇒効果的な対応法
40ページ　ほか

興味や関心にかたよりがある
⇒効果的な対応法
162ページ　ほか

LD（学習障害）
Learning Disabilities

　ＬＤ（エルディー）はLearning Disabilities（学習する能力が十分に発揮されないという意味）の略語で、日本では「学習障害」と呼ばれています。特定の領域に学習の困難さがみられ、得意なことと不得意なことの差が極端に大きく、簡単には克服することができません。定型発達の子どもの苦手意識とは格段に異なるといえます。

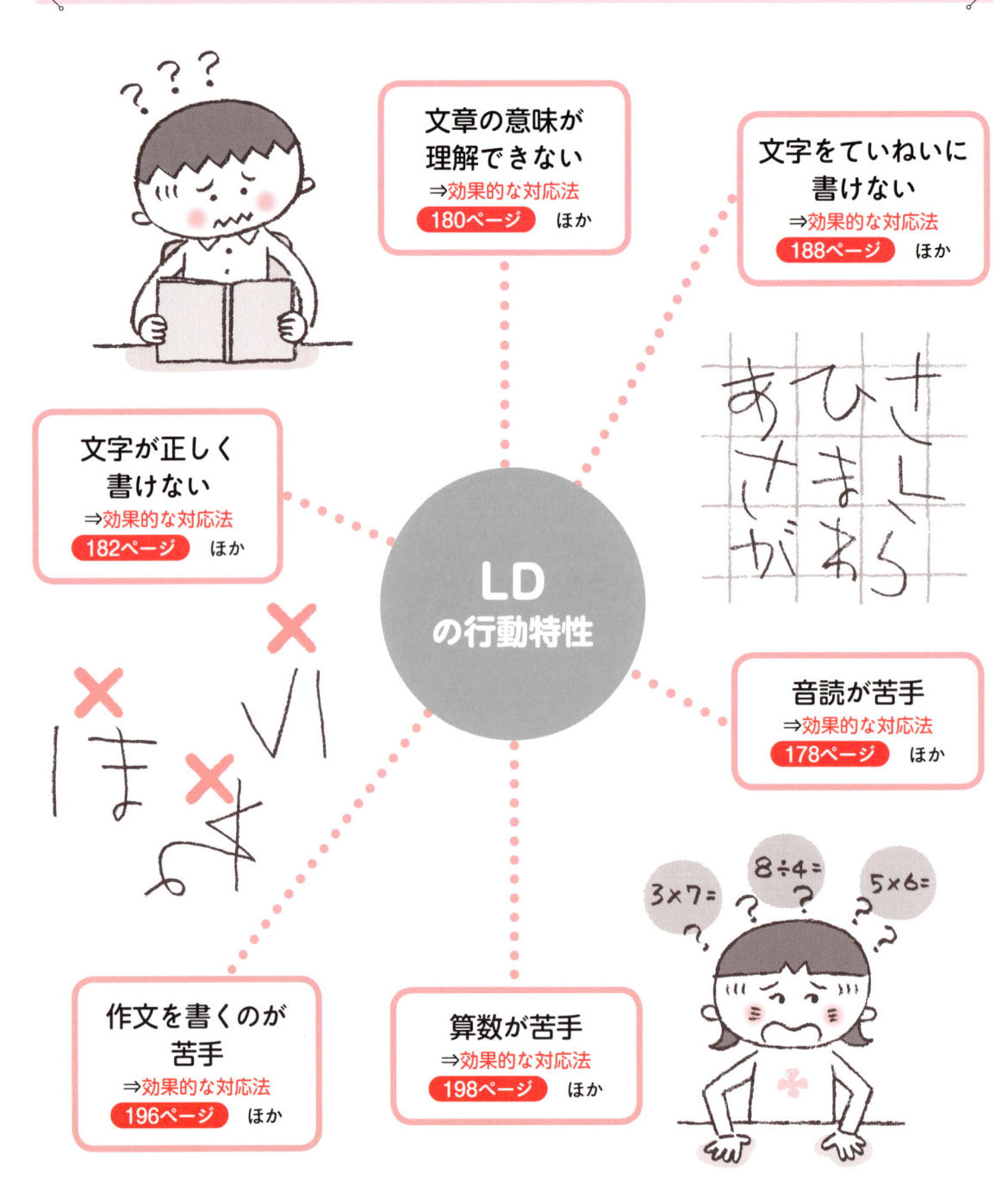

文章の意味が理解できない
⇒効果的な対応法
180ページ　ほか

文字をていねいに書けない
⇒効果的な対応法
188ページ　ほか

文字が正しく書けない
⇒効果的な対応法
182ページ　ほか

LD の行動特性

音読が苦手
⇒効果的な対応法
178ページ　ほか

作文を書くのが苦手
⇒効果的な対応法
196ページ　ほか

算数が苦手
⇒効果的な対応法
198ページ　ほか

診断名にとらわれず支援していく

発達障害とは診断されていなくても、発達障害に近い特性をもち、学校や家庭の生活場面、学習場面でつまずきがみられる子どももたくさんいます。発達障害の有無にかかわらず、つまずいている子どもがいるのであれば、支援が行われる必要があります。

支援の考え方❶
明確な境界線は引けない

発達障害には医学的な診断基準があり、その基準を満たしている場合は「障害がある」とみなされ、基準を満たさない場合は「障害ではない」と診断されます。

しかし、診断基準を満たしていなくても、該当する条件項目が比較的多い子どもがいます。こうした子どものなかには、発達障害のある子どもと同じように、学校や家庭の生活場面、学習場面でつまずきがみられるケースがあります。つまり、診断はされなくても、発達障害に近い特性をもつ子どもがいるのです。

支援の考え方❷
「ボーダーライン」や「グレーゾーン」の子ども

そうした子どもたちは「ボーダーライン」や「グレーゾーン」などと呼ばれています。

そもそも、発達障害がある状態と、ない状態の間に、明確な境界線は引けません。発達障害がある子どものなかに、限りなく定型発達に近い子どもがいる一方で、発達障害がないとされている子どものなかにも、限りなく発達障害に近い子どもがいます。発達障害がある状態とない状態の境目は、イメージとしてグラデーションのようにつながっているのです。

支援の考え方❸
発達障害の有無にかかわらず支援する

では、その「ボーダーライン」「グレーゾーン」の子どもたちに対して、支援は必要ないのでしょうか。障害の有無にかかわらず、目の前にいる子どもがつまずき、困っているのであれば、支援をして子どもの困難を取り除いてあげることが、教員を含め身近にいる大人の果たすべき役割ではないでしょうか。

"発達障害があるから支援する"という視点に立つのではなく、発達障害という診断を受けていなくても、現実に学校や家庭において本人が困難を覚えているのであれば、やはり支援をするべきでしょう。

子どもの特性や個性は千差万別です。発達障害がない子であっても、苦手なことや不得意なことはあり、だれかの助けを必要とする場面はあります。そう考えると、発達障害のある子は、ほかの子どもよりも支援の手が"少し多めに必要"というようにとらえてみることが重要な視点です。

すべての子どもが必要を感じたときに、適切な支援が行われることが理想だといえるでしょう。

“困っている子”への接し方の基本

　つまずきのある子どもの場合、ほかの子どもたちと同じように対応しても、困難を解消させることができない場合があります。一人一人の特性をよく踏まえ、自尊心を低下させないように接し、ほめる機会を増やすことが求められます。

 **NG** ▶ 厳しい叱責^{しっせき}や不真面目と決めつけた対応、罰を与えたり、特訓によって鍛えたりする対応法は、子どもにストレスを与えるため好ましくありません。

反復練習や特訓をさせる

30回ずつ書きなさい

感情的に叱ったり、人間性を否定する

人をたたくなんてサイテーの人間だ！

授業が終わるまで、立ってなさい！

罰を与える

 子どもに寄り添い、小さなことでもほめて達成感を味わわせることや、長所や得意なことを見つけて、能力をのばしてあげることが重要です。

学校での支援の在り方

発達障害を含む特別な教育的支援を必要とする子どもに対しては、個別の指導・支援による適切な教育（特別支援教育）を行うことが学校教育法で定められています。子どもの指導にかかわる複数の教職員がチームを組み、学校全体で一人の子どもを支援していくことが求められています。

支援のポイント❶

校内委員会で支える

校内委員会は、特別支援教育コーディネーター、校長、教頭、学級担任など、複数の関連する教職員で構成されます。発達障害のある子への気づき、子どもの実態把握、個別の教育支援計画・指導計画の作成などを行います。

支援のポイント❷

特別支援教育コーディネーターが推進役・調整役となる

特別支援教育コーディネーターは、校内の状況把握や情報収集、支援の対象となる子どものケース会議の開催のほか、校内・外部との連絡調整も担います。そのため、こうした役割が果たせる能力や経験をもつ教職員が担当します。

（校内委員会の役割）

校内委員会

- 特別支援教育コーディネーター
- 校長　・教頭　・学級担任
- 学年主任　・養護教諭
- スクールカウンセラー

などで構成

- 発達障害のある子どもへの気づき、子どもの実態把握
- 必要な支援の具体化、学級担任への指導
- 保護者の相談窓口
- 個別の教育支援計画・指導計画の作成
- 教職員への啓発・共通理解（校内研修会の実施など）

外部の専門家と協力・連携する

専門的な見解や助言が必要な場合は、外部の専門家に相談し、連携をするしくみとなっています。専門家チームや巡回相談員などが学校を訪問して、支援対象の子どもを観察し、助言してくれます。

専門家との連携

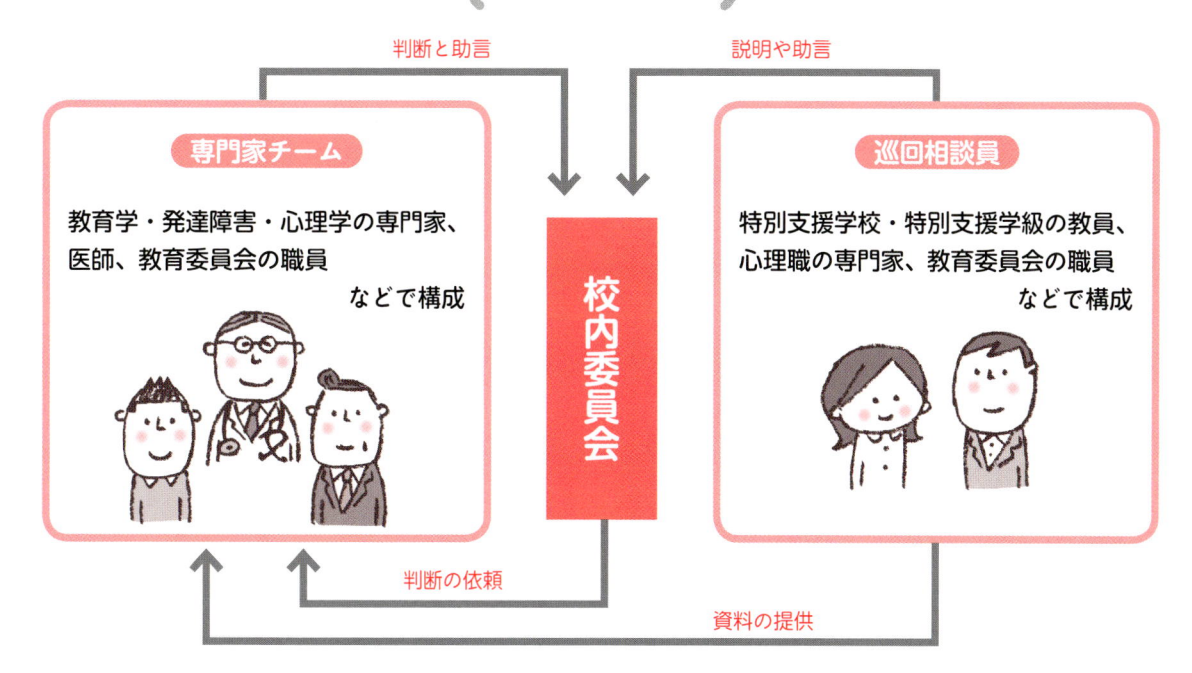

判断と助言　　　説明や助言

専門家チーム

教育学・発達障害・心理学の専門家、医師、教育委員会の職員 などで構成

校内委員会

巡回相談員

特別支援学校・特別支援学級の教員、心理職の専門家、教育委員会の職員 などで構成

判断の依頼

資料の提供

特別支援教育支援員を活用する

発達障害を含む障害のある子どもの生活面、学習面の支援を補助的に行う役割を担っているのが特別支援教育支援員です。学級担任主導のもとで学級運営がスムーズに行われ、同時に支援の必要な子どものつまずきが解消されるよう、担任と連携を図りながら指導を行うことが求められます。

いまは先生のお話を聞こうね

支援員が留意すべき点
- 学級担任の学級運営を尊重し、担任の指導のじゃまにならないようにする
- 支援員が子どもの気を引きすぎて、子どもが学級から孤立しないよう留意する
- 支援するのは子どもができないところのみにし、必要以上に手をかけすぎない

授業の内容や教材を工夫する

指導・支援を具体的に行う場合、授業の進め方や内容、授業に用いる教材を工夫することが重要になります。こうした工夫は、発達障害のある子どもだけでなく、ほかの子どもたちにとっても理解の手助けとなります。個人を特別扱いするという視点ではなく、全員にとってメリットのある授業を目指すようにします。

授業のポイント❶

テーマを明確に示す

その日の授業で学習する内容、テーマについて、始業時に黒板に記しましょう。この1時間でなにを勉強するのか、子どもが理解し、授業中いつでも確認できるようにしておきます。

授業のポイント❷

授業形態にメリハリをつける

子どもが受け身になる講義型の授業形態を続けるのではなく、ときどき班で話し合いをさせたり、前に出て発表させたりと、授業に変化をつけることで、子どもが集中しやすくなります。

授業のポイント❸

授業時間を配分する

複数のことを同時進行させることが苦手な子どものために、授業時間全体を区切ります。

例 聞く・書く・考えるで配分する ▶ 「聞くことに集中する時間」「書くことに集中する時間」「じっくり考える時間」などに区切って配分する

聞く時間

書く時間

考える時間

10-3は7だから…

可視化させる

　数や形、場面や状況などがイメージしにくい子どものために、数字やことばだけで表されたものを図や絵で示し、目に見える形にすると理解を促すことができます。

例 ▶ **大きなものさし** ▶ 数の並び方を目で見える形にしたものを貼っておくことで、数の大小の違いがイメージしやすくなる

黒板に
掲示する

6 + 3 =　　10 - 4 =

6より3大きい
数だから…

10より2小さい
数だから…

机の上に
置く

情報を整理する

　必要な箇所を注目して見られない子どもがいます。授業の目的に応じ、注目してほしい情報を抜き出すなど、あらかじめ情報を整理した教材を用意します。

例 **図と説明をセット
にしたプリント** ▶ 文章と対応する図や写真を取り出して並べて見せる形
にしておくことで、子どもが理解しやすくなる

この図の説明は
どこにあるの？

キョロ　　キョロ

これなら
よくわかる！

切れ目なく支援し続ける

進級によって担任（担当）がかわることで、それまで受けていた支援が受けられなくなるということがあってはなりません。必要な支援は学年がかわっても、卒業して学校がかわったり、就職したりしても引き継がれるべきです。本人のライフステージにおいて、かかわりをもつ人から適切な支援が提供されるよう、生涯を通じて支援し続けることが求められます。

ライフステージごとに支援を引き継いでいく

幼稚園・保育園
小学校
中学校
高校・大学
社会人

就学移行支援　進学移行支援　就労移行支援

保護者
学校（教育）
医療
福祉・保健
企業

発達とともに支援も"進化"させる

支援の引き継ぎは重要ですが、それは、同じ支援をひたすら続けていればよいという意味ではありません。子どもが成長し、学びを経て、新たな知識やスキル、能力を身につけていくことで、"つまずき"もかわっていきます。あるつまずきが解消すれば、それまでの支援は必要がなくなり、新たなつまずきには新たな支援が必要になります。常に子どもの状況を把握し、その変化に合わせて支援の内容も"進化"させることが求められます。

行動の課題

教室を飛び出す

授業中、突然席を立って、教室の外へ出て行ってしまう子どもがいます。授業の進行が妨げられるといった学級運営上の問題だけでなく、安全上の問題が起こるおそれもあります。

どんな背景があるの？

ＡＤＨＤ（注意欠如／多動性障害）の傾向がある場合、集中力が続かない、周囲の刺激に気をとられるといった理由で離席することがあります。また、自閉症の特性から起こる強い不安が原因になることもあります。

考えられる背景

- 授業内容がわからなくなり、イライラする
- 集中力が保てず、ほかのことに気をとられる
- 落ち着かなくなり、体を動かしたくなる
- 大きな音が聞こえたり、急な変更で不安が強くなり、その場にいられなくなる

など

ＡＤＨＤの特性

＝

集中できない

いろいろな情報をとり込みやすい

気が散りやすい　飽きっぽい

体を動かしたくなる

↓

じっとしていることができなくなる

周囲の子どもへの対応

　だれかが教室を飛び出すと、ほかの子どもたちも動揺してしまいます。先生は、学級を置き去りにして飛び出した子を追いかけるべきではありません。離席した子の対応はほかの先生に任せ、学級の子どもたちには、「○○さんは気分がわるくてお休みしに行きましたが、あとで戻ってくるので大丈夫ですよ」と言って安心させ、授業を続けます。

効果的な対応法

1 行動

2 授業

3 生活面

4 対人関係

5 学習面

保護者との連携

その場で 別の先生に対応してもらう

事前にほかの先生にお願いしておき、子どもが戻るまで一緒にいてもらいます。曜日や時間割によって、対応してくれる先生を決めておくとよいでしょう。

その場で ルールの範囲内で離室を許す

いいですよ

図書室で休んでもいいですか？

先生に行き先を告げて許可をとれば、教室を出て行ってもよいという特別ルールを設けます。

授業についてきているか確認する

わかる？

子どもの表情を見て、授業内容が理解できているかを確認し、必要に応じて個別に指導します。

手持ちぶさたにさせない

終わったらこのプリントやってね

やることがなくなって飽きてしまわないように、次の課題を与えます。授業の形態をときどきかえるなど、気分転換をさせるのもよいでしょう。

他人を傷つける

突発的に相手をたたいてしまったり、ものを投げたりといった、乱暴なことをしてしまう子どもがいます。衝動的な行動のため、本人もあとから後悔します。

ストップ！

どんな背景があるの？

ＡＤＨＤの傾向がある場合、感情のコントロールがうまくできません。そのため、思い通りにできないことがあると、突発的に乱暴な行動をとってしまうことがあります。気持ちを抑える方法がわからずに、本人が悩んでいることもあります。

考えられる背景

- 感情をコントロールできない
- 衝動性を抑える方法がわからない
- 自分の感情を感知する力が弱い
- 自分の思いをことばで表現できない
- 物事が思い通りにいかなかった

など

どうしていつもこうなっちゃうんだろう…

周囲の子どもへの対応

　乱暴な行動をとってしまった子だけに、原因があるとは限りません。周りの子どもが衝動性の高い子どもを、おもしろがってからかうことが、行動の原因になっている場合もあるのです。日ごろから学級全体に向けて、他人をからかう行動をとるべきではないという指導を行いましょう。

効果的な対応法

1 行動
2 授業
3 生活面
4 対人関係
5 学習面
保護者との連携

その場で 周囲に危険が及ばないようにする

カッとなった子どもが他人を傷つける行動をとってしまいそうになったときは、まず、周囲の子どもたちを遠ざけ、被害が及ばないよう配慮します。

その場で 気持ちの高まりを自覚させる

いまの温度はどれくらいかな？

１００度！

気持ちの度合いを示す温度計

どれくらいイライラしているかを、「温度計」を使って自覚させます。自分の気持ちの高まりを客観視することで、抑制しやすくします。

その場で 感情を代弁する

モヤモヤした気持ち
＝
くやしい

くやしかったんだよね

うん

感情をことばで表せない子どもは、その気持ちを行動で表現しがちです。子どもの心の内を代弁することで怒りがおさまることがあります。

感情を抑える方法を見つける

おこったら負け

おこったら負け

「がまんできる」「おこったら負け」などのことばを書いた紙をポケットに入れておいて、カッとなったときはその紙をさわって怒りをしずめるなど、感情を抑える方法を見つけます。

自分を傷つける

やめなさい！

急な予定変更などで不安が強くなったときに、壁や机に頭を打ちつけたり、自分の手や腕をかんだりすることがあります。力の加減が抑制できないため、けがにつながる可能性もあります。

どんな背景があるの？

自傷行為は、強い不安を感じたときに生じやすく自閉症の傾向のある子どもにもみられます。また、こだわりを否定されたり、強い感覚刺激を受けたりしたときにも、混乱して自傷行為をすることがあります。

水なんかこわくないよ！

こわい…

考えられる背景

- 予期せぬ予定変更で、強い不安を覚える
- 苦手なことを強要され混乱する
- 感覚過敏（かびん）があるのに、苦手な感覚刺激を与えられ、強い不快を覚える
- ほかの子どもが強いことばで叱責（しっせき）されているのを見聞きして、不安になる

など

周囲の子どもへの対応

　自傷行為が激しい場合、周囲の子どもに危害が及ぶこともあるため本人から遠ざけます。また、その自傷行為を見ることで、周りの子どもが不安になる点にも配慮し、「大丈夫だからね」と声をかけて安心させることも必要です。「○○さんは気持ちをコントロールしにくいので、みんなで支えてあげようね」と周囲の理解を促す指導があることも望まれます。

効果的な対応法

1 行動

2 授業

3 生活面

4 対人関係

5 学習面

保護者との連携

その場で　刺激せず静かに見守る

×

保護するときは
体にさわらない
よう注意する

自傷行為が起きたときは、けがをしないように
保護します。このとき、声をかけたり、体にさわっ
たりして刺激しないようにしましょう。

その場で　いやがるときは無理強いしない

無理しなくて
いいよ

こわい…

子どもの特性を把握しているときは、本人がい
やがる素振りをみせたら、それ以上は強要しな
いようにします。

その場で　過度に興奮させない

ちょっと
休憩しようか

低学年の場合は、過度な興奮によって自傷行為
を起こすことがあります。楽しいことに長時間
のめり込まないよう、ときどき休憩させましょう。

不安の要因を排除する

いやなことを強要された

予定が変更された

嫌いな音が聞こえた

こだわりを否定された

子どもの特性をよく理解し、こだわりは尊重す
るなど、不安にさせない配慮が必要になります。
自傷行為は予防することが大切です。

人のものを　だまって使う

人の鉛筆や消しゴムをだまって使ってしまう子がいます。本人に悪気はありませんが、周りの子どもから「勝手に取った」と誤解を受けてしまうこともあります。

どんな背景があるの？

衝動性があり、たまたま目の前にあるものを使ってしまうケースや、持ち主がだれであるかという意識が希薄で、無意識に人のものを使ってしまうケースなどが考えられます。

考えられる背景
- 衝動的に目の前のものを手にしてしまう
- 違う人の持ちものということに気づかない
- 自分のものと人のものを区別する意識が低く、気にせずに使ってしまう
- 貸し借りのマナーが身についていない

など

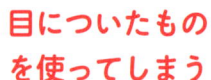

わたしのはハート

↓

自分のものを選んで使う

全部消しゴムだ

↓

目についたものを使ってしまう

周囲の子どもへの対応

　発達障害のある子どもが人のものをだまって使ってしまったとき、周囲の子どもが過剰に反応し、強く非難することがありますが、本人に悪気がないことに配慮します。ほかの子どもにも「うっかり人のものを使っちゃうことは、だれにでもあるよね」などと理解を求めたうえで、貸し借りのルールを確認し、みんなで守るよう指導しましょう。

効果的な対応法

1 行動

2 授業

3 生活面

4 対人関係

5 学習面

保護者との連携

その場で だまって使ったら謝らせる

いいよ

だまって使ってごめんね

だまって人のものを使ってしまったときは、「だまって使ってごめんね。ありがとう」と言って返すよう指導しましょう。

その場で 自分のものを使うよう促す

これはだれの鉛筆かな？

他人のものを使っていたら、「これはだれのですか？」と、自分の持ちものではないということに気がつけるよう意識を向けさせます。

持ちものに名前を書かせる

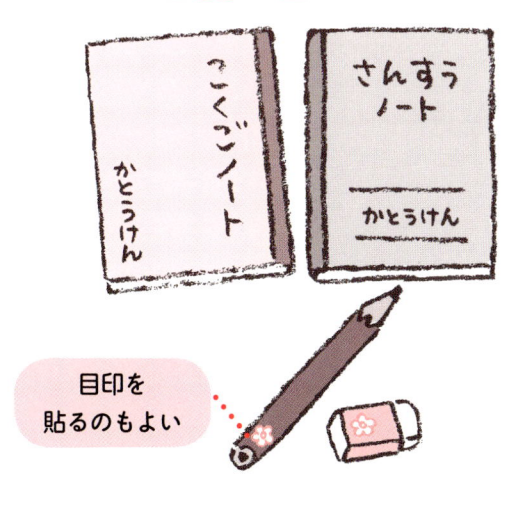

こくごノート

かとうけん

さんすうノート

かとうけん

目印を貼るのもよい

持ちものの記名を徹底させます。低学年の場合などは、マークやシールをつけさせてもよいでしょう。

借りるときのルールを教える

いいよ

消しゴム貸して

ものを借りたいときは「貸して」と声をかけて許可をもらい、使い終わったら「ありがとう」と言ってすぐに返すルールを教え、実践させます。

乱暴なことばを使う

不満があると、突発的に乱暴なことばで人を攻撃してしまう子どもがいます。相手が傷ついていることに気づいていない場合もあり、人間関係に支障をきたすおそれもあります。

おまえなんか
あっち行け！

どんな背景があるの？

衝動性があり、悪いことばだとわかっていながら、突発的に使ってしまう子どもがいます。また、軽い気持ちで使う場合や、周りの反応をおもしろがって使う場合もあります。

考えられる背景

- 突発的に乱暴なことばを使ってしまう
- ことばの意味や重みを理解していない
- どんなことばを使えばよいかわからない
- 周りの反応をおもしろがっている
- 暴言で、周りの人を自分の思い通りにできると思っている

など

そんなことば
使っちゃダメ！

みんなが
注目してくれる…

ばか！

やめなよ…

周囲の子どもへの対応

　学級で使ってはいけないことばのルールを決めることもよいですが、子どもどうしで注意し合うとトラブルになることがあります。悪いことばを使った子どもを注意するのは、あくまで先生ということを全員に認識させます。どの子どもに対しても、悪いことばを使ったときは注意し、よいことばを使ったときはほめるようにし、不公平感をもたせないようにします。

効果的な対応法

1 行動
2 授業
3 生活面
4 対人関係
5 学習面
保護者との連携

 その場で

カードを使って ストップをかける

ストップ！

バーカ！

ストップ

乱暴なことばを使ったときに、「ストップ」と言いながら、その子の口の前にカードを出し、発言をやめさせます。

言ってはいけない ことばを理解させる

わるいことば
バカ　うざい
きもい
だめ　きらい
あっちいけ
どけ

言ってはいけないことばを、学級で話し合ってリストアップし掲示して、人を傷つけることばがあることを教えます。

かわりになる ことばを教える

×うざい！ → ○やめて

自分の感情を相手に伝えるとき、乱暴なことばのかわりに、どんなことばを使えばよいかも、意見を求めて先生が書き出すなどしながら考えさせましょう。

よいことばも 同時に教える

上手だね

ありがとう

例：「やさしいね」「ありがとう」など

ほめことばやていねい語も同時に教え、積極的に使うよう促しましょう。

37

かんしゃくを
起こす

不快なことがあると大声を張りあげて泣いたり、周りに当たり散らしたりしてしまう子どもがいます。「わがままな子」とみられ、みんなから敬遠される傾向があります。

どんな背景があるの？

気持ちの切りかえが苦手なため泣きやめなかったり、見通しが立てられず予期せぬ状況に混乱してしまったりすることが考えられます。かんしゃくを起こして注目を集めようとする場合もあります。

考えられる背景

- 気持ちの切りかえが苦手である
- こだわりがあり、思い通りにならないと気持ちが不安定になる
- 予期せぬ状況が受け入れられず混乱する
- かんしゃくを起こして物事を思い通りにしてきた経験（誤学習）がある

など

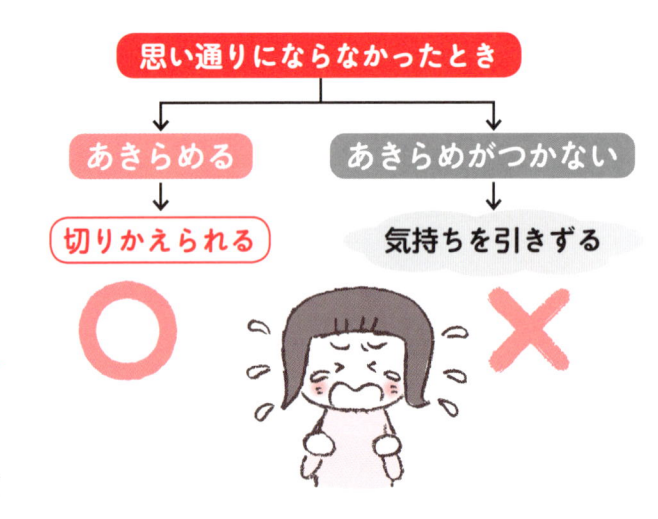

思い通りにならなかったとき

あきらめる → **切りかえられる** 〇

あきらめがつかない → **気持ちを引きずる** ✕

周囲の子どもへの対応

　自分の意見が通らなかったり、ゲームで負けたりしても、「泣かない」「怒らない」ことを学級全員で約束します。活動中にだれもかんしゃくを起こさなかったときは、最後に全員をほめましょう。かんしゃくを起こす人がいなければ、みんなが気持ちよく活動に取り組めることを強調し、そうした活動のあり方が望ましいことを理解させます。

効果的な対応法

その場で 気持ちを代弁する

失敗して
くやしかったんだよね

うん

心情を察して「くやしかったね」「残念だったね」と声をかけることで、先生から理解されていると安心して泣きやむことがあります。

その場で かんしゃくを肯定しない

泣いたら○○さんの
話は聞きませんよ

ゼッタイ
ヤダー！

泣いても意見は通らないということをしっかり理解させるため、かんしゃくを起こしたときは、子どもの意見を通さないようにします。

その場で 泣きやんだら ほめる

この前より早く
泣きやめてえらいよ…

泣きやむまでにかかった時間が、前回よりも早かったらほめます。また、早く泣きやもうと努力する態度がみられたときもすぐに評価し、くり返すことで泣くことを減らしていきます。

泣かないことを 約束させる

負けても
泣かない
約束だよ

…うん

活動の前に「泣かない」「怒らない」ことを約束させます。がまんできたときは、おおいにほめましょう。

特定の音をいやがる

避難訓練の警報音や徒競走のピストルの音など、特定の音が苦手な子どもがいます。そのことが原因となり、活動の中断を余儀なくされるケースもあります。

どんな背景があるの？

自閉症などにみられる感覚過敏が背景にあると考えられます。音に慣らして克服させることはできないということを、周囲は理解する必要があります。

考えられる背景

● 感覚過敏があり、強い不快や不安を感じる

● 音が鳴った途端にパニックになってしまう　など

苦手な音の例：
● サイレンなどの警報音　● 掘削機などの機械音
● 太鼓やリコーダーなどの楽器の音　● 犬の吠え声
● 赤ちゃんの泣き声　● 花火のような爆発音　など

特定の音

感覚過敏のない人	感覚過敏のある人
とくになにも感じない	頭痛がしたり、不安や恐怖を感じる
● がまんができる ● 慣れてくる	● がまんができない ● いつまでも慣れない

周囲の子どもへの対応

　ほかの子どもは、「こんな音もがまんできないのか」と理解できないかもしれません。学級でみんなの嫌いな音について話し合う場を設け、人によって苦手な音や、がまんできる程度は違うことを理解させましょう。そのうえで、人のいやがる音をわざと立てたり、からかったりしないよう、お互いに気づかい合うことを指導します。

効果的な対応法

1 行動
2 授業
3 生活面
4 対人関係
5 学習面
保護者との連携

その場で イヤーマフや 耳栓（みみせん）を使う

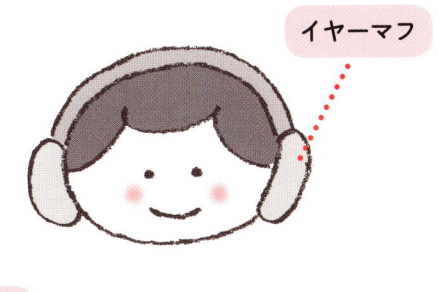

イヤーマフ

耳栓

苦手な音が鳴っている間だけ、遮音性（しゃおん）の高いイヤーマフや耳栓を使用します。周りの子どもにも事情を説明しておきましょう。

その場で 苦手な音を 聞かせない

スピーカーから少し離れるよ

うん

音量を下げたり、子どもを音源から遠ざけたりして、苦手な音をできるだけ聞かせないようにします。

音が鳴ることを 予告する

あと10分で避難訓練がはじまるよ 耳をふさいでもいいからね

はい

ある程度がまんできる子には、苦手な音が鳴ることを事前に予告します。心の準備ができることで、対応できるケースもあります。

苦手な音を 把握しておく

犬の吠え声が苦手なんです

ほかにもありますか？

本人や保護者からどんな音が苦手か聞いておくことで、対応がしやすくなり、苦手な音を聞かせずにすむようにします。

ぼーっとしてしまう

指示や説明をしているときに、ぼーっとしてしまい、話の内容を把握できない子どもがいます。ただ、一斉の指示は伝わりにくくても、個別の声かけには気づいて話を聞くことができます。

わかった人？

どんな背景があるの？

不注意の特性がある場合、課題から気持ちが遠のいてしまうことがあります。また、学級全体に向けて話されたことが、自分にも言われていることだという意識をもちにくい子もいます。

考えられる背景

- ほかの刺激に気をとられてしまいやすく、ひとつのことに集中できない

- 学級全体に話されていることを、自分にも言われていると気づけない

- 聴覚認知（耳で聞いた情報を認識・処理する能力）に弱さがある

など

遠足の持ちものについて説明しますよ

周囲の子どもへの対応

　指示や説明をするときに教室がざわついていると、不注意のある子どもの注意力はますます削がれてしまいます。日ごろから、先生が話をはじめたら、先生のほうを見て静かにするという姿勢を、学級全体で定着させておく必要があります。先生や友だちの話を聞くときの態度はどうしたらよいかを、みんなで話し合う機会をもつのもよいでしょう。

1 行動
2 授業
3 生活面
4 対人関係
5 学習面
保護者との連携

効果的な対応法

その場で 音で注意を引きつける

> はい
> 大切なところだよ

手を打ったり、教卓や黒板をコンコンとたたいたりして、音を出すことによって注意を引きつけます。

その場で 視覚的なサインを発する

> ハーイ！
> 注目して！

手をあげたり、広げたり、振ったりして、視覚的なサインを発しながら注意を引きつけます。

その場で 目の前に行き声をかける

> これから大切なことを言うよ

気づいていない子の目の前に行き、個別に声をかけて注意を促すことも有効です。

その場で タッチして気づかせる

> いまの話わかったかな？

さわられることに抵抗がない子どもに対しては、肩をトントンとたたく、腕にさわるなどして気づかせます。

勝ちや100点に
こだわる

勝ちや100点にこだわり、負けたり100点がとれなかったりすると、泣いたり、かんしゃくを起こしたりする子がいます。そのため、勝敗の分かれる活動が行いにくくなることもあります。

どんな背景があるの？

こだわりが強いと、負けたことを受け入れられなかったり、100点でなければ納得できなかったりします。また、身近な大人が勝敗や点数を気にすると、子どものこだわりもより強くなる傾向があります。

考えられる背景

- 予測した結果以外を受け入れられない
- がんばれば絶対に勝てるという思い込みがある
- こだわりが強く100点がとれないことを受け入れられない
- 親から勝ちや100点以外はダメと言われている
- 過去に負けて、いやな経験をした

など

周囲の子どもへの対応

　負けたときに暴れたり怒ったりする子どもがいると、周囲の子どもが気をつかう可能性も出てきます。そのような場合は、試合などで作為的に勝敗が左右されないようにする配慮が必要です。一方で、勝っても自慢しない子や、負けを受け入れられている子をほめるなどして、勝敗が決まったあとの態度がどうあるべきかを全員に学習させることも大切です。

効果的な対応法

 その場で

テストで「×」をつけない

間違えても×はつけずに、書き直してきたら違う色のペンで○をつける

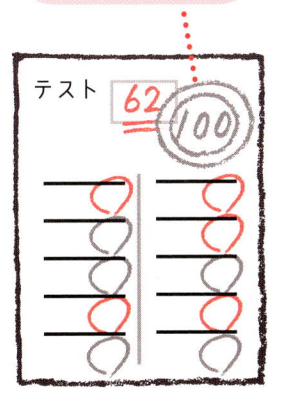

二重丸で囲んだ100点をつける

テストなどに×をつけられることをいやがる子もいます。×は書かずに返却し、正しく書き直してきたら違う色のペンで○や100点を書き足します。

 その場で

合いことばで気分をおさめる

負けたときの合いことばを決めておき、それを唱えることで気持ちをおさめる練習をします。

勝敗が分かれることを説明する

試合やゲームの前に、勝ち負けがあること、「負け＝ダメ」ではないことを説明します。また、勝ち負けがあるゲームなどでは、負けてもよいことがあるような設定を考えます。

方法や手順に
こだわる

そうじや、係の仕事の手順をいつもとかえてやらなければならないときに、臨機応変に対応できない子どもがいます。変更の多い作業は混乱してしまうため、任せることが難しくなります。

きょうは机下げなくていいんだよ

だって…

どんな背景があるの？

自閉症にみられるこだわりの強さも背景にあると考えられます。ルーティン通りにやっていれば安心できますが、ささいな変更でも強い不安につながってしまう場合があります。

考えられる背景

● ルーティンをかえると
　どうしたらよいかわからなくなる

● 途中を飛ばしたり、途中から
　はじめたりすることに抵抗がある

● 最初から最後まで順番にやることが
　よいと思っている

　　　　　　　　　　　　など

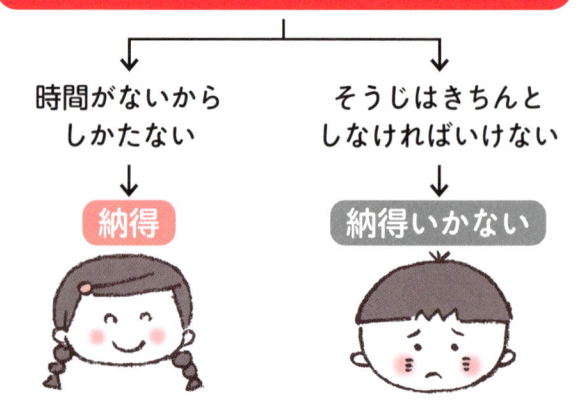

時間がないときは、そうじを簡単にすませる

時間がないから
しかたない
↓
納得

そうじはきちんと
しなければいけない
↓
納得いかない

周囲の子どもへの対応

　周囲の子どもは、方法や手順に強いこだわりをもつ子どもを理解しにくいでしょう。そのため、「早くしろ」などとせめたりしてしまいがちです。そのようなことを避けるためにも、「一生懸命やろうとしていることは、よいことである」と知らせ、子どもたちの理解を促しましょう。そうじ以外にも身近なことへのそれぞれのこだわりについて質問し、考えさせながら、だれにでもこだわりはあるということを納得させます。

その場で パターンを提示して
説明する

そうじのやり方

①つくえを下げる
②はきそうじをする
③ごみを集める
④ごみをすてる
⑤ぞうきんがけをする
⑥つくえを元にもどす

時間がないときの
そうじのやり方

①はきそうじをする
②ごみを集める
③ごみをすてる

いくつかのパターンがあらかじめ決まっている
場合は、それらの方法を常に貼り出しておき、
その日のやり方を指示します。

その場で 許容の範囲で
こだわりを尊重する

きょうは時間を
かけてもいいですよ

手洗いの手順にこだわりがある場合などは、状
況が許す範囲で本人の納得のいく洗い方を特別
にしてもよいことにします。

変更の多い役割を
避ける

おてつだい係　　いきもの係

臨機応変な対応が必要な係や、変更の多い役割
はあまり担わせないようにし、かわりに本人が
安心して取り組める仕事をさせましょう。

変更に対する抵抗を
和らげる

きのうの続きから
やればいいからね

手順をかえることがよくないことだという先入
観をもっている子どもには、変更しても大丈夫
であることを説明し、不安を和らげます。

予定変更が受け入れられない

時間割や活動場所などが急にかわったとき、それを受け入れられずに活動に参加できなくなる場合があります。無理に参加させようとするとパニックになることもあります。

どんな背景があるの？

見通しを立てるのが苦手だったり、こだわりが強い子どもに起こりやすいといえます。新しい場面などに弱く、いつも通り、予定通りでないと安心できません。強い不安は、パニックの原因にもなります。

考えられる背景

● 見通しを立てたり、気持ちを切りかえたりすることが苦手

● 予定通りに物事が進まないと不安になる

● 目新しい場所や事柄に強い不安がある

● 急激な変化、突然の変更に対応できない
　　　　　　　　　　　　　　　など

見通しを立てるのが苦手
↓
なにが起こるかわからずに不安になる
↓
変更を受け入れられない

そういうことか…

アドバイス

変更事項を知らせるときは、変更前と変更後の違いが明確にわかるように伝えることが望ましいでしょう。変更事項は口頭だけでなく、文字や図で示したものを手渡したり、本人にメモをとらせたりして、視覚的にわかる形で伝えることが効果的だといえます。

効果的な対応法

1 行動
2 授業
3 生活面
4 対人関係
5 学習面
保護者との連携

その場で

不安があれば別の活動にかえる

変更に従うことに強い不安がみられる場合は、本人が安心できる別の活動に取り組ませ、本来の活動に参加できなくてもよいことにします。

その場で

視覚的にわかるように伝える

1	こくご
2	さんすう
3	おんがく → たいいく
4	せいかつ
5	ずこう
6	

たとえば、時間割が変更になったときは、元の時間割を見せながら、変更になる教科に赤色で×印を書いて、横に変更後の教科名を書き入れるなどして、かわったことを印象づけます。

その場で

強要はしない

みんながんばっているのにわがままですよ！

え〜、できないよ…

本人が変更を受け入れようとしないとき、無理に強要して従わせようとしたり、叱ったりしないようにします。

変更を早めに予告する

あしたの音楽は音楽室でやりますからね

はい

急な変更は不安を大きくするため、できる限り早く変更を伝え、本人が気持ちにゆとりをもって取り組めるよう配慮します。

「コミュニケーション障害」は発達障害？

極度の人見知りを指すことば

　最近、子どもや若者の間で「コミュ障」ということばが流行っています。「コミュ障」はSNSで発信されはじめたことばで、「コミュニケーション障害」の略語です。

　医学的に「コミュニケーション障害」というと、言語障害（ことばが上手に話せない）や構音障害（発声が不正確）、吃音（発話がスムーズにできない）などを指しますが、「コミュ障」というときは、極度の人見知りで他人とコミュニケーションがうまくとれない人のことを指して使うことが多いようです。

　発達障害のある子のなかにも、相手の気持ちが読めなかったり、人との会話につまずいたりする特性をもつ子どもがいます。こうした子どもたちは、周りから「コミュ障」と呼ばれているかもしれません。

　しかし、「コミュ障」の人がみんな発達障害であるかというと、そうではありません。人とうまくコミュニケーションがとれない原因には、ほかにもいろいろな可能性が考えられるのです。選択性緘黙という、特定の状況のもとで黙ってしまう障害もあれば、生まれつきの引っ込み思案な性格が関係している場合もあります。不安やストレスなどから、意図してコミュニケーションをとらないこともあるでしょう。

子どもを観察して原因を見極める

　このような子どもに接するときは、なにが原因で人とうまくコミュニケーションがとれないのかを慎重に見極めることが重要です。原因が異なれば、対応のしかた、支援のしかたも異なります。「コミュ障」の子どもをひとくくりにとらえないことが大切です。

　日ごろの子どもの行動をよく観察し、本人の話も聞いてみたうえで原因を探っていきます。疑問や心配があれば、保護者にも相談してみましょう。家庭でのようすや生育歴などがわかることで、疑問が解消することもあります。コミュニケーションがうまくとれないことによって、日常生活に著しい支障が生じているのであれば、医師など、専門家に相談する必要もあるかもしれません。

　一方、あまり深刻にとらえなくてもよいケースもあります。本人が困っておらず、生活上必要な最低限のコミュニケーションがとれているのであれば、心配ないでしょう。一人でいることが苦にならない子どもや、集団で過ごすことを重荷に感じる子どももいます。一人一人の個性を見極めたうえで、対応のしかたを考慮しましょう。

授業の課題

人の話が聞きとれない

先生の話や人の意見を聞きとれないために、話の内容や指示がきちんと伝わらないことがあります。そのために授業の内容が理解できなかったり、先生の指示に従えなかったりします。

どんな背景があるの？

ＡＤＨＤ（注意欠如／多動性障害）に特有の不注意があると、話している人に注目できないことがあります。耳から受けとった情報の認知や一時的な記憶に弱さがあって長い話が理解できないケースなどがあります。

考えられる背景

- 関心がないことについては、聞く意識がもてない
- 注意散漫で話している人に集中できない
- 聴覚認知に弱さがある
- 雑音も一緒に耳に入ってきてしまい、大切な話を聞き漏らす

など

アドバイス

　発達障害の特性のため、音声による説明や情報よりも、視覚的な情報のほうがキャッチしやすい子どもがいます。そうした子どものためには、ことばで説明しながら、同時にポイントを板書したり、内容を簡潔に表した絵カードや文字カードなどを併用したりするとよいでしょう。こうした配慮は、ほかの子どもにとっても理解の助けになります。

効果的な対応法

1 行動

2 授業

3 生活面

4 対人関係

5 学習面

保護者との連携

その場で 個別に声をかける

先生の話
聞いてる？

話を聞いていないように見えるときは、「○○さん、先生はいま○○の説明をしましたよ」と個別に声をかけ、注意を向けさせましょう。

その場で 話の内容は 簡潔にまとめる

まず、中身を
机の上に出して
ください
続きはあとで
言いますよ

出しましたー

伝えるべきことは簡潔にまとめます。結論をはじめに言う、一度にひとつの指示を出す、長い説明は避けるといったことに気をつけます。

座席の位置に 配慮する

先生の声が届きやすく、周囲の刺激を受けにくい、前方中央部の席に座らせます。先生との距離も近く、個別の指示も出しやすいでしょう。

よけいな刺激を 遮断する

カーテンを閉める　出入り口の戸を閉める

座席を中央に移す

窓やカーテン、戸を閉めたり、座席を中央に移したりすることで、刺激となる音を遮断し、気が散らないようにします。

指示に従えない

ハーイ！集合！

先生の指示通りに動けない子どもがいると、集団行動を乱すことにつながり「わがままな子」「自分勝手な子」と受けとられてしまう可能性もあります。従えない背景を知ることが重要です。

どんな背景があるの？

短期記憶（情報を一時的に覚えておく能力）に弱さがあると、指示を聞いていてもすぐに忘れてしまいます。また、指示内容を正しく理解していなかったり、実行するタイミングがわからなかったりします。

考えられる背景

- 聞いたことをすぐに忘れてしまう
- 周りを見て合わせることができない
- 指示の内容を正しく理解できていない
- 実行に移すタイミングがわからない
- 指示が多すぎて混乱している

など

指示を聞いた瞬間は覚えている

↓

早くやらなくちゃ

時間が経ったり、別のことをすると忘れてしまう

↓

覚えておけず従えない

…

アドバイス

　指示にスムーズに従わない状況を、"わがままな態度"ととらえてしまいがちですが、発達障害のある子どもの場合、先生に逆らったり、すねたりしているわけではありません。本当にどうしたらよいかわからず、本人も困っているのです。そのことを理解し、指示通りできていないことを厳しくせめたり、叱ったりしないようにしましょう。

効果的な対応法

1 行動

2 授業

3 生活面

4 対人関係

5 学習面

保護者との連携

その場で 指示を理解しているか確認する

いま言ったことわかった？

わかりません…

聞いた指示を正しく理解していない場合もあるので、指示内容を本人に確認します。理解できていない場合はわかりやすく説明します。

その場で 指示は一度にひとつ

指示1

下敷きに半紙を1枚のせます

のせました

指示2

半紙の上のほうに文鎮を置きます

置きました

複数の指示を出す場合は、一度にひとつにし、それができてから次の指示を出すようにします。

その場で 実行に移すタイミングを教える

はじめてください

指示されたことをいつはじめたらよいかわからないケースもあるので、取りかかるタイミングを教えるようにします。

その場で 模範となる子に注目させる

そうなの？

できたら先生に見せに行くんだよ

指示にスムーズに従える子を模範として、その子に注目させるよう促したり、その子と一緒に行動させたりします。

落ち着きがなく じっとできない

授業中着席していることができず、体をごそごそ動かしたり、立ち歩いてしまったりする子がいます。ほかの子どももつられてしまうことがあり、学級が落ち着かなくなる一因にもなります。

どんな背景があるの？

多動性がある子どもの場合、頻繁に体の一部を動かしたり、立ち歩いたりすることがあります。集中力を保ちにくく、授業内容がわからなくなるだけで、落ち着きがなくなる場合もあります。

考えられる背景

- 一定時間じっとしていることができない
- 集中力を保ちにくい
- 授業の内容がわからなかったり、課題が難しすぎる
- 単調な作業の連続、同じ姿勢の維持が苦手 など

ささいなきっかけで立ち歩いてしまう

体の一部を常に動かしている

じっとしていると落ち着かない

アドバイス

　ADHDの多動性からくる落ち着きのなさは、本人の気の緩みなどが原因で起こるものではないため、厳しく叱ったりしないようにします。ときどき体を動かしたり、動いてもよい状況をつくってあげたりするなど、体を動かしながらバランスをとっていることを理解し許容するようにすれば、集中力を取り戻すことができます。

効果的な対応法

1 行動

2 授業

3 生活面

4 対人関係

5 学習面

保護者との連携

その場で 離席・離室を許す

いいですよ

トイレに行ってきてもいいですか？

本人の申し出があれば、一定の時間は離席や離室をしてもよいルールにします。ただし、周りの子どもの理解を得ておくことが必要です。

その場で 配り係を担当させる

配り係などを担当させて、授業中立ち歩いてもよい機会を与えます。ときどき体を動かすことで、勝手な立ち歩きを抑制することができます。

学習の難易度を調整する

難しくてわかんない

学習内容が理解できないと集中力が低下するため、本人の理解度に合わせたレベルの課題を用意するなど、個別対応が必要です。

授業にメリハリをつける

班で話し合う時間

発表をする時間

講義型の授業だけでは飽きてしまうので、班での話し合いや発表など、授業形態にバリエーションをもたせましょう。

おしゃべりが
やめられない

授業中などに、黙っていることができず、つい
おしゃべりをしてしまいます。不規則発言をし
てしまうケースもあり、授業の進行が妨げられ
る場合もあります。

どんな背景があるの？

おしゃべりがやめられないのは、ＡＤＨＤの
多動性や衝動性も背景にあると考えられます。
話したいことが頭に浮かぶと、がまんするこ
とができなくなり、つい話をしてしまいます。

考えられる背景

- 多動性があり、話さずにはいられなくなる

- 衝動性があり、思ったことが口を突いて出てしまう

- 話し好きの子が近くにいて、つられてしまう

- 学級で決めた発言のルールを忘れてしまう

　　　　　　　　　　　　　　　　　　　　など

わかった！
こたえは７だ！

周囲の子どもへの対応

　発達障害のある子どもはルールを忘れてしまいやすいため、発言のルールを決めてもなか
なか守れないでしょう。発言の回数を決めたり、先に指名して意見を言わせたりして、周囲
から「先生の言うことを聞かない子」とみられないよう配慮します。一方、おしゃべりをが
まんできたときは、発達障害のある子もない子もほめてあげましょう。

効果的な対応法

その場で **静かにさせるサインを出す**

イエローカード
＝
静かに

注目！

ざわざわ
ざわ

レッドカード
＝
口を閉じる

注目！

わかった！
ぼくもわかった！
それ知ってるー

口頭で注意してもおしゃべりをやめられないケースでは、静かにさせるためのサインを提示して、子どもの注意を促します。たとえば、イエローカードは「静かに」、レッドカードは「口を閉じる」と決めて、子どもの反応をみて使い分けます。

その場で **発言のルールを確認する**

手をあげたら
あててあげますよ

授業中は手をあげて、指名されたときしか発言できないというルールをそのつど徹底させます。それでもすぐに発言してしまう場合は、毎時間、発言してもよい回数を決めるとよいでしょう。

話し好きの子とは席を離す

話し好きな子が近くにいるとおしゃべりしやすくなるため、そうした子どもを近くに座らせないよう、座席の位置を工夫します。

1 行動

2 授業

3 生活面

4 対人関係

5 学習面

保護者との連携

声の大きさが調節できない

発表するときに大きな声が出ない子や、班に分かれて小声で話すべきときに大きな声を出してしまう子がいます。状況に合わせた大きさの声を出す練習が必要です。

わたしの発表
したいことは…

聞こえ
なーい！

聞こえ
なーい！

どんな背景が
あるの？

自分の声がどれくらいの音量で周りに聞こえているかわからなかったり、大きすぎる声を不快に思う人がいることを想像することが苦手だったりすることが背景にあると考えられます。

考えられる背景

- どの場面でどれくらいの大きさの声を出せばよいか理解していない
- 自分の声の大きさをとらえられない
- がなり声と大きな声を混同している
- 大きな声を出すことに慣れていない
　　　　　　　　　　　　　　　　など

オレさー！
きのう塾の
帰りにさー！

聞こえ
てるよ…

うるさい
よー！

アドバイス

　合唱などで「大きな声で」と言われたときに、大きな声ではなく、がなり声をあげてしまう子どもがいます。こうしたケースでは、先生が過剰に反応して叱ったりすると逆効果になるため、静かにひとこと注意するだけにとどめます。上手に声を出している子どもに注目させ、手本にしてまねさせるようにしましょう。

効果的な対応法

1 行動
2 授業
3 生活面
4 対人関係
5 学習面
保護者との連携

その場で 「声のものさし」で教える

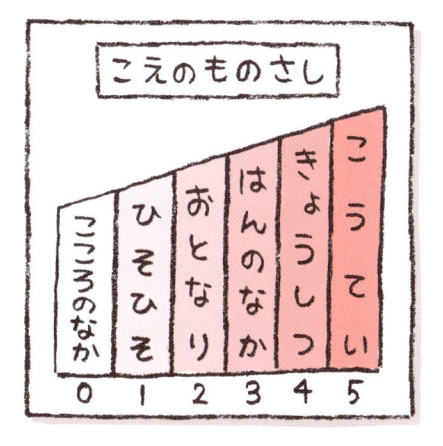

声の大きさを示す "ものさし" をつくり、適切な音量でしゃべることができない子どもには、そのつど、どれくらいの音量で話せばよいか教えます。

その場で 発声のしかたを指導する

「大きい声」と「がなり声」を混同し、合唱のときなどに、がなり声をあげる子どもには、正しい発声法を教えます。

場面に合った音量を考えさせる

学級で話し合いの時間をもち、場面によって大きな声がよいか、小さな声がよいかを考えさせます。

声の大きさを指導する

発表などで大きな声が出せない子どもには、本番前に発表の練習をして、どのくらいの声の大きさが適切なのか具体的に指導しましょう。

姿勢を保って着席できない

席に着いているときにだんだん**姿勢が崩れ**、椅子からずり落ちてしまったり、机の上に突っ伏してしまったりする子どもがいます。姿勢が保てないと、授業にも集中できません。

どんな背景があるの？

体力や筋力不足が原因で、姿勢を保てないケースも少なくありません。また、授業がはじまったら、先生のほうを向いて着席しなければならないというルールを理解していなかったり、正しい座り方がわからなかったりする場合もあります。

考えられる背景

- 体力や筋力がない
- 家庭生活を含め、日ごろから姿勢が悪い
- 崩れた姿勢に慣れてしまっている
- 学校生活のルールを十分理解していない
- よい姿勢がどういう姿勢かがわからない

など

チャイムが鳴ったら席に着くんですよー！

アドバイス

教室でだけでなく、体育の授業で体育座りが一定時間続けられず、寝転がってしまう子もいます。体力不足のケースもありますが、ふだんから寝転がってゲームなどをすることに慣れてしまっている子どもは、姿勢を保ちにくい傾向があります。家庭でも、食事のときだけでも姿勢よく座ることを心がけてもらうなど、保護者に働きかけてみましょう。

効果的な対応法

1 行動
2 授業
3 生活面
4 対人関係
5 学習面
保護者との連携

その場で きちんと座れている子どもをほめる

○○さん
姿勢がいいですね

上手にできている子をほめて、できない子がまねできるよう導きます。

その場で 正しい座り方を指導する

正しいすわり方
①話している人を見る
②口はとじる
③せすじをのばす
④手はひざのうえ
⑤足はそろえて
　ゆかにつける

「きちんと座りなさい」と言われても、どう座ればよいのかわからない子もいます。手本となる座り方を絵などで掲示して見せるようにします。

その場で 授業中は着席することを教える

授業中は席に
着いてください

とくに入学直後の1年生には、予鈴が鳴ったら着席し、授業中はずっと着席していなければならないというルールをそのつど注意し、しっかり教えます。

体力をつける活動を取り入れる

きょうは校庭で
一緒にあそぼう！

ハーイ！

体力がついていないと姿勢が保てないため、体力づくりにも取り組みます。休み時間に外であそぶことを促すのもよいでしょう。

指名してもらおうと アピールする

こたえがわかったときなどに、自分にあててほしくて、先生に強くアピールする子どもがいます。ほかの子どもが遠慮（えんりょ）してしまうケースもあり、不公平感が生じるおそれもあります。

どんな背景があるの？

多動性や衝動性が背景にあり、「言いたい」という気持ちを抑えられない場合があります。また、ルールを教えてもすぐに定着はしないため、対応を考えて少しずつスキルを身につけさせる必要があります。

考えられる背景

- ほかの人に譲ろうという配慮ができない
- 自分だけがこたえると、周りから不公平感をもたれるということがわからない
- ルールを覚えても忘れてしまう
- 自分が発言したいという気持ちが抑えられない

など

話したいことを思いつくと…

すぐに話し出してしまう

考えてから話したり、場の空気を読んだりすることができない

周囲の子どもへの対応

　自分がこたえようとアピールする子にチャンスが集中しないよう、ほかの子どもにもできるだけ均等にチャンスを与える配慮が必要です。手をあげさせて指名する方法だけでなく、出席番号や机の列を決めて解答者を選ぶなど、いろいろな方法を用いるようにしましょう。あててほしい子に満足感を与えつつ、ほかの子どもに不公平感を抱かせないようにすることが大切です。

効果的な対応法

1 行動
2 授業
3 生活面
4 対人関係
5 学習面
保護者との連携

その場で　勝手な発言は採用しない

ハイ
○○さん

こたえは
10だよね！

発言のルールを守らずに、勝手に発言した人の意見は採用しないことを伝え、とり合わないようにします。

その場で　ルールを守れたときはほめる

○○さん、静かに
手をあげていて
えらいね！

ルール通りに発言できたときはしっかりほめます。周囲の子にも、ルールを守れたことを強調してほめるようにします。

その場で　絵カードを見せる

静かに
しなさい

しずかに

ハイハイ！

大きな声でアピールする場合は、「しずかに」などと書かれた絵カードを見せて抑制を促し、静かにできたときには視線やうなずきでほめます。

発言のルールを厳守させる

授業中の発言の
しかたです

はつげんのルール

①手をあげる
②先生に
　あててもらう
③きりつをする
④いけんを言う

授業中は、手をあげて指名された人だけが先生の質問にこたえられるというルールを徹底させます。

順番やルールが守れない

あそびのルールなどを自分に都合よくかえたり、列に並んでいるところへ割り込んだりする子どもは、自分勝手でわがままとみられ、仲間から敬遠されるようになります。

ボールが当たったよ！

ずるいよ！

どんな背景があるの？

ＡＤＨＤの傾向があると、衝動性からとっさに割り込んでしまったり、ルール違反をしたりしてしまいがちです。本人なりの理由があり、悪意はありませんが、度重なると批判を受けやすくなります。

考えられる背景

- とっさの行動を抑えられない
- ルールを正しく理解していない
- ルールをすぐに忘れてしまう
- 順番を待つなどの社会性が身についていない

など

わがままだよね

一緒にあそべないね

ずるいよね

許せないね

↓

敬遠されてしまうことも…

周囲の子どもへの対応

　ルール違反などをくり返すと、周りの子どもから疎（うと）まれるようになり、いじめや孤立の原因になります。ですから、違反をしたときはそのつど先生が正しく判定し、違反がまかり通らないようにします。また、周囲の子どもには「うっかりルールを忘れちゃったんだね」というように話して、本人に悪意がないことを強調しておきます。

効果的な対応法

1 行動

2 授業

3 生活面

4 対人関係

5 学習面

保護者との連携

その場で そのつど注意する

> 列の後ろに並びなさい

列に割り込んだときは、最後尾に並び直すよう指示します。また、ルールを守ろうとしないときは、そのつど注意します。

その場で 強い口調で叱らない

> いつもルールを守れないな！

わざとではないため、強い口調で叱らないようにします。ひどくせめられると、ますます自分の非を認めることができなくなる場合もあります。

最初にルールを確認する

> きょうのルールを確認します

> ①ボールに当たったら外野に出る
> ②相手の内野をアウトにしたら内野にもどれる

ルールを正しく理解できるよう、活動やあそびをはじめる前に、参加者の間でルールをしっかり確認させます。

確認できるようにルールを書いておく

> ルールどうだったっけ？

> ルール
> ①ボールに当たったら外野に出る
> ②相手の内野をアウトにしたら内野にもどれる

活動中にルールを忘れてしまうこともあるので、ルールは見えるところに書いておき、いつでも確認できるようにします。また、ルールはできるだけ少なくします。

質問に的確に こたえられない

先生から質問されたときに、的外れなこたえをしてしまったり、黙り込んでしまったりする子がいます。コミュニケーションがうまくとれないことで不利益を被ることもあります。

なんの係が
やりたいの？

どの班に
入りたいの？

どんな背景が あるの？

LD（学習障害）の傾向があるために、ことばの聞きとりや発話がうまくできないケースのほか、集中力がなく先生の質問を聞いていない、聞いていたが質問の意図がわからないなど、さまざまな理由が考えられます。

考えられる背景

● ことばで表現することが苦手

● 不注意などのために質問を聞いていない

● 説明や質問の内容を正しく理解したり、的確にとらえられない

● 話したいことを頭の中で整理できない

● 吃音（きつおん）や過度の緊張がある

など

話すことが苦手な子ども

ことばを
知らない

上手に話せない

話す順序が
わからない

考えを
整理できない

↓

考え・意見があっても
ことばでうまく表せない

アドバイス

　ことばでのやりとりが苦手な子どもの場合は、無理にたくさんしゃべらせようとするのではなく、ひとことだけでもよいので、なにかことばを発することができたらほめましょう。家庭でも、食事の時間などに家族でおしゃべりをする機会をもってもらうようにし、自分の思ったことを気軽に話せる環境を整えるよう努めます。

効果的な対応法

その場で 質問のしかたをかえる

いきもの係と黒板係 どっちがいい？

いきもの係です

質問の意図を理解していない場合もあるため、簡潔なことばで質問し直したり、選択肢を提示してこたえを選ばせたりしてみましょう。

その場で 本人の考えを代弁する

いきもの係がいいんだね

うーんと、そうです

断片的にしか話せない子どもに対しては「○○ということかな？」と探りながら、その子の意見を先生が代弁します。

少人数の前で発言させる

きのう、デパートに行ったの

えー

いいな！

引っ込み思案で大勢の前では発言できない子の場合は、班のなかで発言させるなど、少人数の場で発言の機会を与えます。

人前で話す練習をさせる

☆ きのうしたこと
いつ だれが どこで なにを どうした

順序立てて話ができない子には、話の流れを表示して、それをもとに話を組み立てる練習や、人前で発表する練習をさせましょう。

困ったときに助けを求められない

指示を聞きそびれたり、やり方がわからないといったとき、だれかに聞いたり相談したりすることができない子がいます。助けを求められないと、活動や行動に支障が生じます。

あれ？やり方が違っていますよ

どんな背景があるの？

人とのかかわりをもちたがらない特性がある場合、人に質問したり、相談したりすることを極力避けようとする傾向があります。社会人になっても人に助けを求められないと、職場でトラブルを起こしたときに解決できません。

考えられる背景

- 助けを求めるという意識が薄い
- 質問や相談のしかたがわからない
- 過去に、助けを求めても応じてもらえなかった経験がある

など

困ったな…

でも言いたくないな…

侵入されたくない領域がある

アドバイス

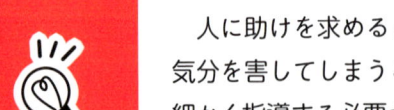

　人に助けを求めるときに、どのような言い方をすればよいかわからず、相手の気分を害してしまうことがあります。助けを求めるときの態度やことばづかいを細かく指導する必要があるでしょう。また、自分が人から助けを求められたときも、快く応じてあげることで、"お互いさま"になるということも理解させます。

効果的な対応法

1 行動
2 授業
3 生活面
4 対人関係
5 学習面
保護者との連携

その場で 声をかけて困っていないか確認する

わからないことがあるのかな？

作業の手が止まっているなどのようすがみられたら、「どうしたの？」と声をかけます。

その場で 助けの求め方を教える

そう言えばいいのか…

「教えてください」って言えばいいよ

困っている場合は、どのようなお願いのしかたをすればよいか、そのつど具体的に指導します。

その場で お礼を言うことも同時に教える

こうするといいよ

そうですか

✗ お礼を言わないのはマナー違反

教えてもらったり、助けてもらったりしたときには、お礼を言うことも合わせて指導します。

助けを求めてきたときは常に受け入れる

一人でできるよ！

助けてもらえなかった過去がある

求めた助けを受け入れてもらえなかった経験が原因になっている場合もあるため、子どもから求めがあったときは、常に受け入れるように努めます。

整列できない

体育の授業や移動教室のときなどに、列からはみ出たりして整列ができない子どもがいます。授業の進行を妨げたり、集団行動の秩序を乱したりすることにつながりかねません。

どんな背景があるの？

多動性や衝動性のある子の場合、じっとしていることができず、列からはみ出してしまうことがあります。また、人との距離感がうまくつかめないために、適度な間隔を保てない子もいます。

考えられる背景

- 多動性や衝動性があり、落ち着きがない
- 不注意があり、周りに気をとられて列の乱れに気づかない
- 人との距離感がつかめず、前後の間隔が整わない

など

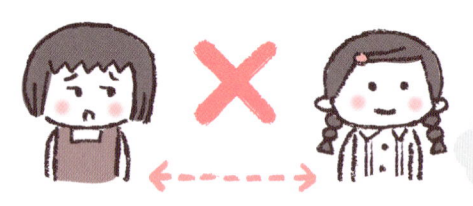

離れすぎ

近すぎ

アドバイス

　整列の練習は、背の順や出席番号順だけでなく、いろいろなバリエーションで練習するとよいでしょう。また、クラスがえがあると、整列の際の顔ぶれもかわるため、年度はじめに並び方を確認しておく必要があります。近くにするとおしゃべりしやすい子や、トラブルになりやすい子は、わかった時点で並び順をかえるようにします。

効果的な対応法

1 行動
2 授業
3 生活面
4 対人関係
5 学習面
保護者との連携

その場で トラブルを避ける並び順に

トラブルを起こしやすい子どうしが前後や左右の位置関係にならないよう、ほかの子どもと入れかえるなどして一定の配慮をしましょう。

その場で 間隔を空けて並ばせる

整列時に前後左右の間隔を均等に空けて並ぶことを教えます。周りの子に近づきすぎると、トラブルの原因にもなりかねません。

ルールを掲示する

ならぶときのルール

- ・前を向く
- ・おしゃべりしない
- ・まわりの人と間をあける
- ・おさない
- ・さわらない

整列しているときは、前を向き、周りの人とおしゃべりはしないといったルールを掲示し、徹底させます。

整列したまま歩く練習も

このまま体育館に移動しまーす

列を乱さないように歩く練習をします。また、右側通行で歩く、前の人との距離を保って歩くなど、安全面の指導もします。

体育館に
集まって
ください

人に合わせて行動できない

周りの人の動きや状況を見て、それに合わせて、自分の行動をコントロールすることが苦手な子どもがいます。周囲からは、自分勝手な子ととらえられてしまいがちです。

どんな背景があるの？

他人への関心がうすい子どもに起こりやすいといえます。相手の視点に立ったり、相手と共感したりすることが苦手なため、独断で物事を進めがちです。

考えられる背景

- 人と協力するより、一人でやるほうがよいという思い込みがある
- 大勢のなかに入ると、どう動いてよいかわからず不安になる

など

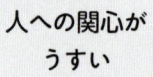

人への関心が
うすい

集団に入ろうとしない

一人でできるほうが
価値が高い
と思っている

アドバイス

　自閉症の傾向がある場合、そもそも他人に自分を合わせることが苦手であり、その特性自体をかえることはできません。友だちとの協力場面を経験させることは大切ですが、協力の強要はしないようにします。本人がやりたがらないときは、その意思を尊重しましょう。気長に、少しずつスキルアップさせていくことが求められます。

効果的な対応法

1 行動
2 授業
3 生活面
4 対人関係
5 学習面
保護者との連携

その場で

周囲に注目するよう促す

みんな教室を出て行くよ

周りの子に自ら関心を示そうとしない子どもには、みんながどうしているか見るように声をかけ、注意を促しましょう。

その場で

かけ声で相手とペースを合わせる

いくよ！せーの！

よいしょ！

協力して重いものを持ちあげるときや、音楽のリズムに合わせて動くときなどは、かけ声をかけるとよいことを教えます。

その場で

場面ごとに対応を教える

ひとつの場面でできたことが、ほかの場面に応用できないケースでは、そのつどどうやって合わせたらよいかを教えます。その後、正しいやり方を絵に描いたり、ロールプレーで練習したりして、次に同じような状況が起こったときに対応できるようにしましょう。

イターッ！

あっゴメン！

どうすればよかったと思う？

置くよって言えばよかった

積極的になれない

自発的な行動が少なく、いつも人任せになってしまう子どもがいます。経験のチャンスを失うことで好奇心や意欲が削がれ、積極性がますます低下することになります。

ねこの王様
やりたい人！

ねこの王様
ねこの女王様
ねずみ1
ねずみ2

ハーイ　ハーイ

どうせ選ばれないからいいや…

どんな背景があるの？

負けたり、失敗したりすることへの漠然（ばくぜん）とした不安があったり、成功体験の乏しさから自信がもてなかったりすることが背景にあります。積極的に行動することで、自分でできる喜びを味わわせることが必要です。

考えられる背景

- 情緒的に漠然とした不安がある
- 過去に困ったことになった経験がある
- 人任せにしてきたため、やり方がわからない
- 一人で最後まで成し遂げた経験が乏しい
- 周りから期待されていないと思っている

など

〇〇テスト　不合格　失敗
負け

なにをやってもダメだ…

アドバイス

　課外活動や係の仕事などでがんばったようすがみられたときは、必ず労をねぎらって感謝のことばをかけたり、うまくできたことをほめたりしましょう。他者から感謝されたり、頼られたりする経験を積み重ねていくうちに、自信がつき、関心のあることに積極的に取り組んだり、自発的に行動したりするようになることが期待できます。

効果的な対応法

1 行動

2 授業

3 生活面

4 対人関係

5 学習面

保護者との連携

その場で 不安材料をなくす

ヘルプカード

- 困ったときに提示すると先生が支援したり、アドバイスしてくれる
- 担任の先生以外でも助けてもらえる

積極的になれない背景に「失敗したらどうしよう」という不安があることが考えられるため、本人の不安を減らす支援をすることが有効です。「ヘルプカード」を持たせて、困ったときにカードを提示し、先生にサポートしてもらうことで、不安を減らすことができます。

使い方の例

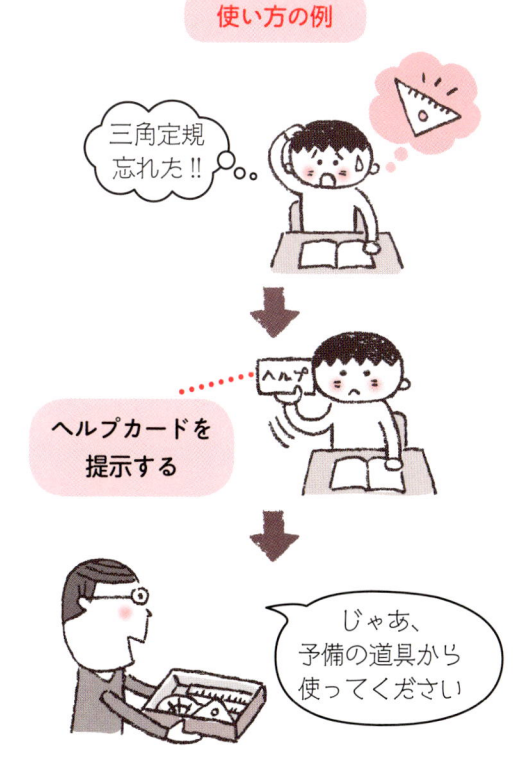

三角定規忘れた!!

ヘルプカードを提示する

じゃあ、予備の道具から使ってください

その場で グループ活動で役割を担わす

○○さんに書記をお願いしようかな…

いいと思います

グループ活動で役割を担わせ、その役目を果たせるよう支援します。周りの人に認めてもらうことが、積極性のアップにつながります。

得意な分野で活躍させる

○○さん、絵が上手だから今度コンクールに出してみない?

えっぼく?

得意な分野で活躍できるチャンスをつくるようにします。自分でできると思えるようになると、自発的な行動がとれるようになります。

活動の切りかえが難しい

時間が過ぎても活動を切りかえることが難しい子どもがいます。次の授業がはじまっても、前の時間の教材をそのままやり続けてしまうケースもあります。

まだ終わってないもん

もう国語の授業だよ

どんな背景があるの？

こだわりが強い子どもの場合、やりかけのまま課題を切りかえることが難しくなります。また、次の活動への不安があり、切りかえられないケースもあります。

考えられる背景

- 先の見通しをもつことが苦手
- 取り組んでいる活動へのこだわりがある
- 課題を途中でやめたくない
- 心の準備が必要で、活動を急に終わらせることができない

など

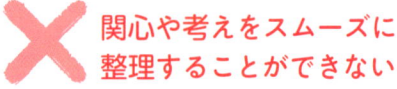

✕ 関心や考えをスムーズに整理することができない

アドバイス

　本人の好きなことであれば切りかえやすいのですが、次の活動が苦手な活動の場合、切りかえることがより難しくなります。間に楽しい活動を短時間はさんだり、保健室で一度休憩したりしてから切りかえてもよいことにします。うまく切りかえができたときはおおいにほめて、切りかえることによいイメージをもたせることも効果的です。

効果的な対応法

1 行動

2 授業

3 生活面

4 対人関係

5 学習面

保護者との連携

その場で 切りかえのタイミングを予告する

あと10分で終わりですよ

はい

あらかじめ活動を切りかえる時間を伝えておき、その時間が近づいてきたら「あと○分ですよ」と教えます。

その場で タイマーをセットする

残り時間がわかりやすい

活動を切りかえる時間にタイマーをセットし、本人の見えるところに置きます。ときどきタイマーを見て、残り時間を確認するよう伝えます。

その場で あとで続きができるようにする

続きは放課後にやってもいいですよ

途中のままにしたくないという子どもには、あとで続きができることを約束します。できれば、その日のうちにできるよう調整します。

その場で 次の活動内容を教える

なにをするんだろう？どこでするんだろう？

次は図書室で本を読みますよ

そうなんだ！

見通しをもつことが苦手な子どもに対しては、次にどんな活動が待っているかを教えることで安心させ、切りかえやすくします。

授業の準備が
できない

授業がはじまる前に、教科書やノートを机に出して準備しておくことが苦手な子がいます。準備が追いつかずに、授業のはじまりについていけなくなる可能性もあります。

教科書
27ページから
はじめますよ

どんな背景が あるの？

自己コントロールが苦手な子どもの場合、やらなければいけないとわかっていても、あそびを優先させてしまいがちです。また、ぼーっとしてしまい、準備を忘れてしまうケースもあります。

自己コントロールがききにくいと…

うん

外であそぼう！

↓

あそびを優先させてしまいがち

考えられる背景

- 授業の準備よりあそびを優先させてしまう
- 前の授業で使ったものを片づけられない
- 準備しなければならないことを忘れてしまう
- 教室移動のとき、持ちものを忘れてしまう
  など

周囲の子どもへの対応

　授業の準備が間に合わない背景に発達障害の特性がある場合、本人がなまけているのではないため、頻繁に注意しないようにします。一方で、ほかの子どもが同じことをしたときにも、ひどく叱って不公平感を抱かせることにならないよう留意しなければなりません。授業前に準備をすませることを学級の目標とし、みんなで取り組む時間をもつなど工夫します。

効果的な対応法

1 行動

2 授業

3 生活面

4 対人関係

5 学習面

保護者との連携

その場で

授業のはじめに机の上を確認する

教科書、ノート、漢字ドリルが出ていますか？

慣れないうちは、授業のはじめに机の上に教科書などがそろっているか、全員で確認します。一人だけできない場合には個別に指導します。

親しくしている子に手伝ってもらう

音楽室一緒に行こう

うん

親しくしている子に、教材の準備や教室移動を手伝ってもらいます。先生からその子にひと声かけて、お願いするとよいでしょう。

教室の移動を早めに促す

リコーダーは持った？

あっ！忘れた

音楽室や理科室への移動が必要な場合、早めに移動するよう促します。その際、忘れものをしないように一緒に確認してあげましょう。

休み時間中に準備させる

次は算数ですよ用意はできてる？

学級全体で、休み時間中に授業の準備を終わらせるルールにしましょう。前の授業で使ったものをすぐに片づける習慣づけも大切です。

81

計画が立てられない

スケジュールに対する意識が低く、課題に使う時間を上手に配分できない子がいます。計画しないで実行に移してしまうため、期間や時間内に終わらないという問題も起こります。

どんな背景があるの？

時間に対する観念が弱く、行き当たりばったりで作業に取り組んでしまうケース、余裕をもって物事をみることができず、実現不可能な計画表をつくってしまうケースもあります。

考えられる背景

- 課題にかかる時間の目算が立てられない
- 的確な優先順位を考えられない
- 計画の変更に柔軟に対応できない
- 計画を立てただけで、実行せずに終わってしまう

など

夏休みの学習計画
○月△日　計算ドリル
　　　　　読書感想文
　　　　　絵日記
○月×日　自由工作
　　　　　漢字練習帳
　　　　　調べ学習

1日にこんなにたくさんのことできる？

…

アドバイス

　見通しを立てることが苦手な子どもは、計画を立てるときにも現実的な予定が立てられないことがしばしばあります。子どもが立てた計画に先生や親が目を通して、実現可能なものかどうか確認しましょう。手直しが必要な場合は、本人のプライドを傷つけないように「いい計画だけど、もう少しここをかえたほうがいいかな」などとアドバイスします。

効果的な対応法

行事予定や時間割を掲示する

時間や日程への意識を高めるために、目につくところに行事予定や時間割を掲示するようにするとよいでしょう。家庭にも協力してもらいます。

日程表をつくる

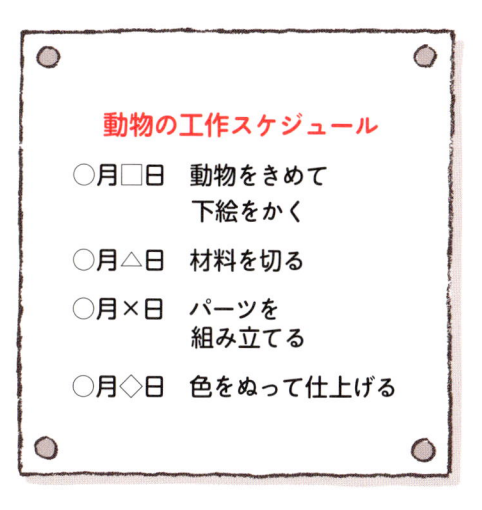

一定の時間数をかけて作品を仕上げるときは、いつまでにどれくらい進んでいればよいかを示した日程表をつくって配布します。

長期休暇の前に計画表をつくる

予定表を使って宿題をやる日を決めておきましょう

夏休みや冬休みに入るときに、休暇中どの宿題をいつまでに終わらせるかを書き込んだ計画表を一緒につくります。

計画表はときどきつくり直す

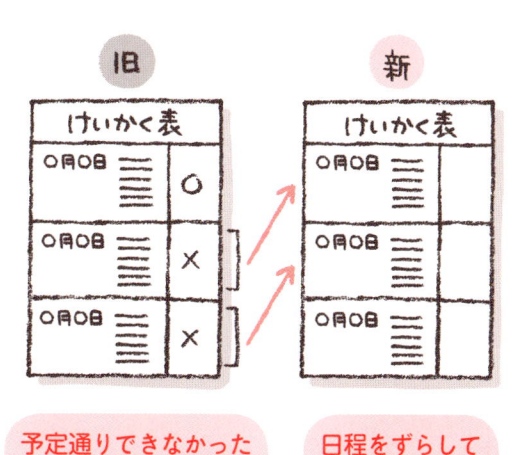

予定通りできなかったときは変更が必要

日程をずらしてつくり直す

計画通りに進まないときは、ころ合いを見計らって計画表をつくり直します。実践可能なものにすることで、無理なく取り組めます。

1 行動
2 授業
3 生活面
4 対人関係
5 学習面
保護者との連携

苦手な課題に取りかかれない

根気のいる作業や、嫌いな課題になかなか取りかかれない子どもがいます。先延ばしにしているうちに、期限に間に合わなくなってしまうケースもあります。

○○さんだけ作文がまだ出ていませんよ

どんな背景があるの？

発達障害には自己コントロールがうまくできない特性もあるため、苦手な活動に自分の気持ちを向けさせることが難しくなりがちです。自発的に行うことは困難なため、他者のサポートが不可欠です。

考えられる背景

- 根気のいる作業や長時間拘束される活動が苦手
- 気持ちを切りかえるのが苦手
- 見通しが甘く、短時間でできると思い込んでしまう

など

自己コントロールがきかない

＝

- 好きなこと、興味のあることのほうに気持ちがひかれやすい
- 困難な課題や苦手な活動はあと回しになりがち

↓

時間切れで手つかずになることも

アドバイス

　取りかかりの悪い子どうしの席は離したほうがよいでしょう。お互いに影響を与え合い、ますます切りかえができなくなります。周りにはできるだけ模範的な子どもを配置し、世話好きな子どもがいれば、その子にひと声かけてもらって取りかかりを促すことも考えます。こうした環境整備も有効な対策になることがあります。

効果的な対応法

1 行動
2 授業
3 生活面
4 対人関係
5 学習面
保護者との連携

その場で 作業を小分けにして取り組ませる

作文 → テーマ決め → 材料集め → 構成 → 下書き → 清書

まずテーマを決めましょう

まず、第1ステップの部分だけを終わらせることを目標にするなど、作業を細分化すると取りかかりやすくなります。

その場で ウォーミングアップをさせる

きょうの実験の流れを確認してからはじめます

いきなり本格的な作業に取りかかるのではなく、手順の映像を見る、工程表でチェックをするなど、作業をはじめるための"導入"となることをします。

はじめに楽しい活動をさせる

課題に取りかかる前に○×クイズを3問やりましょう

嫌いな課題、苦手な課題に取り組む前に、楽しい活動を短時間やらせてから切りかえさせると効果的な場合もあります。クイズやなぞなぞを出したりしてもよいでしょう。活動内容は、子どもが主体的にかかわり、参加できる形のもので、なおかつ楽しめるものが望ましいといえます。

ワーイ！

実習で危険な行動をとる

実習の授業のときに、危険な行動がわからなかったり、わざと危険な行動をとったりする子どもがいます。理科の実験や家庭科の調理実習などでは、けがにつながるおそれがあるため注意を要します。

どんな背景があるの？

不注意や衝動性のある子は、突発的に危険な行為をとりやすいといえます。また、状況理解が乏しい子どもの場合は、危険がわからずに危ない行動をとってしまうことがあります。

考えられる背景

● 注意散漫（さんまん）なところがある

● 短期記憶の弱さがあり、前もって注意されたことを忘れてしまう

● 状況理解に弱さがあり、危険な状態であることに気づきにくい

など

注意散漫さや衝動性の高さ

↓

危険に気づかなかったり、危険な行動を考えなしにとってしまう

↓

事故やけがが起こりやすい

あっちー！

アドバイス

　熱湯にふれるとやけどをする、包丁にふれると皮膚（ひふ）が切れるといった知識が十分にない子どももいます。ただ「危ない」と注意するのではなく、どういう行動が、どんなけがにつながるかといったことを具体的に説明し、理解させることが大切です。衝動性の高い子については、授業中、とくに注意して観察する必要があります。

効果的な対応法

1 行動

2 授業

3 生活面

4 対人関係

5 学習面

保護者との連携

その場で 危険があることを 説明する

太陽を見てはいけません！目が見えなくなってしまうこともあります！

実験や実習の前に、どんな危険があるかをあらかじめ説明しておき、やってはいけないことを全員に確認させます。

その場で 危険な行動は すぐにやめさせる

包丁はまな板の上に置きます

危ない行動をとろうとしたときはすぐにやめさせます。大声で注意すると驚かせてしまうので、低い声、落ち着いた口調で制止します。

その場で 作業に ゆとりをもたせる

早くしないと授業終わっちゃうよ！

急ごう

作業時間が短く、子どもを急かして作業をさせることもリスクを高めることにつながります。作業にゆとりをもたせることも大切です。

班のメンバーを 考慮する

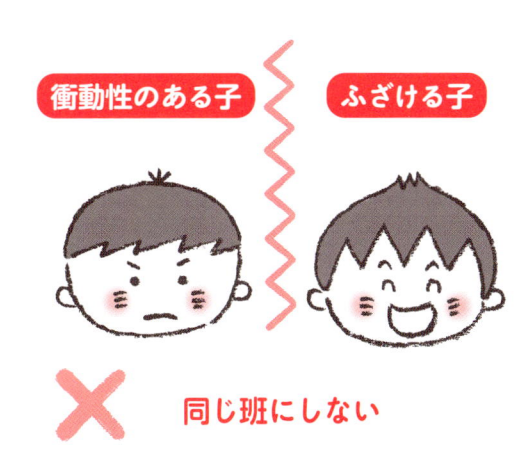

衝動性のある子　　ふざける子

同じ班にしない

不注意のある子や衝動性の高い子は、ふざけやすい子と同じ班にしないようにし、落ち着きのある子、しっかりしている子と一緒にします。

運動会などの練習に参加できない

運動会や音楽会の練習の途中に、急に抜け出したり、参加するのをいやがる子どもがいます。全員参加を基本としている演目などでは、授業の進行が止まってしまう場合もあります。

どんな背景があるの？

自閉症の傾向がある子の場合、通常の授業とは異なる活動に不安や緊張を覚えやすくなります。感覚過敏があり、笛や太鼓の音を怖がったり、集団のなかにいるだけで不快を感じてしまう子もいます。

考えられる背景

- 通常と異なる活動に強い不安を感じる
- 緊張感のある空気が耐えられない
- 人混みのにおいなどが耐えられない
- 人が大勢集まる場所が苦手
- 人前に立つことが苦手

など

アドバイス

運動会や音楽会などは保護者も楽しみにしていることですが、練習の過程で本人の参加が難しそうだとわかったときは、保護者と事前に相談しておくことが大切です。本人が望まないのに強い緊張や不安を強いてまで参加させることは考えものです。裏方で行事をサポートすることも重要な役割であることを強調し、保護者の理解を求めましょう。

効果的な対応法

1 行動

2 授業

3 生活面

4 対人関係

5 学習面

保護者との連携

その場で

見学や休憩を許容する

不安や緊張が強いと練習がうまくできないことがあります。そのときは、見学したり、ときどき休憩したりしてもよいと伝え、本人の負担を減らします。

部分参加でもよしとする

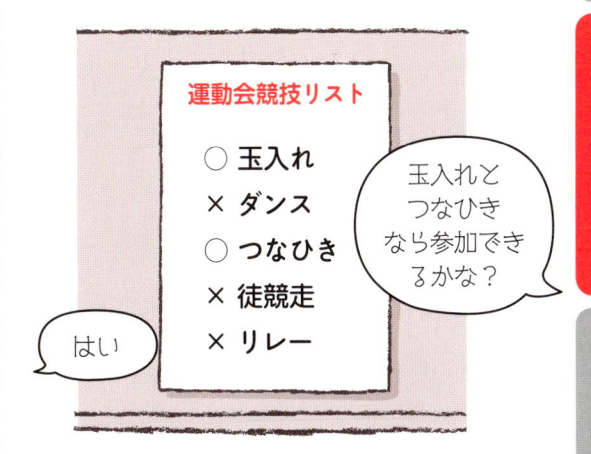

運動会競技リスト

○ 玉入れ
× ダンス
○ つなひき
× 徒競走
× リレー

玉入れとつなひきなら参加できるかな？

はい

独特の緊張した雰囲気などになじめない可能性もあるので、全参加が無理なら部分的な参加でよいことにします。

参加を強要しない

なにがいやだったか話してくれる？

本人がいやがっているときは、無理に参加させないようにします。あとで、なぜ参加したくないのか理由を聞いて、配慮の方法を学年全体で相談します。

別の参加のしかたを考慮する

音楽会

人前でステージに立つことなどが苦手な子もいます。そういう子どもには、裏方の仕事を担当してもらう形で"参加"できるようにしましょう。

校外活動に参加できない

遠足や移動教室など、遠方に出かける活動や宿泊をともなう活動への参加が困難な子どもがいます。事前の準備を入念に行い、本人が参加しやすい環境を整えましょう。

行きたくない…

バス来てますよ

どんな背景があるの？

自閉症の傾向があったり、はじめての場面が苦手な子どもに起こりやすいといえます。見通しが立てられない不安や、感覚過敏（かびん）が原因となることが少なくありません。

考えられる背景

- いつもと違う活動や場面に対して、不安があったり臨機応変に対応できない
- 感覚過敏があり、パニックになりやすい
- こだわりが強く、考えを曲げられない

など

不安の原因

行ったことがない場所で心配

スケジュールがわからない

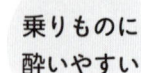

苦手な音やにおいがある

乗りものに酔いやすい

アドバイス

　校外活動の際は、保護者と前もって連絡をとり、外出先で起こりうるトラブルについて話し合っておきましょう。家族旅行のときに起きた問題などの情報を得ておけば、いざというときにあわてずに対応できます。また、はじめての場所への不安が和らぐよう、事前学習などで入念なシミュレーションをすることで参加しやすくなります。

効果的な対応法

詳細な予定を事前に知らせる

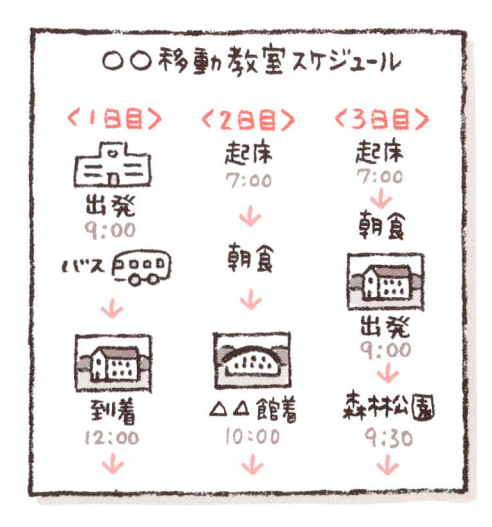

見通しが立てられないことが不安につながるため、詳細な旅程を事前に知らせておくことが有効です。現地の写真もあるとよいでしょう。

活動のようすを映像で見せる

過去に行ったときの映像があれば、事前に見せましょう。映像の場合、活動のようすもわかりやすいので参考になります。

座席のこだわりなどは尊重する

バスや電車の座席にこだわりがある場合、できるだけ尊重してあげるようにします。ほかの子どもにも理解と協力を求めましょう。

保護者と連絡がつくようにしておく

トラブルが起こり、参加続行が難しくなる可能性も考慮し、いざというときに保護者と連絡がとれる態勢を整えておきましょう。

1 行動
2 授業
3 生活面
4 対人関係
5 学習面
保護者との連携

朝会や集会に参加できない

体育館や校庭で行われる朝会や集会に参加することが苦手な子どもがいます。すみやかに行動できず、一人だけ遅れて出てきたり、列に並ぶことを拒むこともあります。

もう朝会はじまってますよ

行きたくありません

どんな背景があるの？

こだわりの強い子の場合、切りかえができないため、教室から朝会に出ることが難しくなります。また、全校児童が集まっていることに不安を感じていたり、くつをはきかえるのに時間がかかったりしているうちに、おっくうになるケースもあります。

考えられる背景

- 集会の開始時間に行動を合わせられない
- 自分のしていることを中断したくない
- 大勢の集団のなかに入ることが不安
- 移動の準備に時間がかかっているうちに、面倒になる

など

まだ読みたいのに…

朝会ですよ〜！

アドバイス

不安や苦手意識が強いと、集会に遅れないように早めに教室を出ておこうといった考えが思いつきません。親しい友だちがいれば、「外に出るときに○○さんも誘ってあげて」とお願いしておきましょう。人とのかかわりが希薄な子に対しては、周囲の子どもたちの理解と協力を得ながら、少しでもかかわりの機会を増やすことが求められます。

1 行動

2 授業

3 生活面

4 対人関係

5 学習面

保護者との連携

効果的な対応法

その場で 教室を出る タイミングを伝える

体育館行こう

もう出たほうが
いいよ

朝会や集会の開始時間が明確でないと、教室を出るタイミングがつかめません。「もう出たほうがいいよ」などと声をかけましょう。

その場で 先生が個別に 付き添う

あわてなくても
大丈夫だよ

くつのはきかえなどに時間がかかる子もいるため、先生が付き添って、必要な支援をしながら時間に遅れても参加するよう促します。

その場で 拒絶するときは 無理強いしない

どうしても参加したくないと本人が訴える場合は、無理強いしないようにし、保健室で先生の話を聞くだけでもよしとします。

その場で 集団から離れて 参加させる

大勢の人が集まっている雰囲気が苦手な子もいます。列に並ばずに、集団から離れたところに立っての参加でもよいことにします。

幼稚園・保育園と小学校との連携

園生活とのギャップになじめない子

　2000年ごろから、それまでの「学級崩壊」にかわり、「小1プロブレム」ということばを耳にするようになりました。「小1プロブレム」とは、入学したばかりの小学1年生が、授業中着席していられない、先生の話を聞かない、集団行動がとれないといった問題を起こし、授業が成立しなくなる状況をいいます。

　「小1プロブレム」が起こる背景には、幼稚園や保育園の環境に慣れ親しんできた子どもが、小学校での新しい環境やルールになかなかなじめないという問題（段差）があるのではないかと指摘されています。

　「小1プロブレム」を解消するためには、幼稚園や保育園と小学校との連携が重要です。最近では、園児が小学校に見学に行ったり、小学生が幼稚園や保育園を訪問したりといった機会を増やすところも多くなってきました。園児が小学校のようすを自分の目で確かめたり、小学生と触れ合ったりすることで、新しい環境になじみやすくなることが期待されます。

情報の引き継ぎが大切

　「小1プロブレム」は定型発達の子どもにも起こりうる問題ですが、子どもに発達障害があれば、その困難はより大きなものになるでしょう。ですから、小学校はそうした子どもを受け入れる体制を整えておかなければなりません。

　入学前に、幼稚園や保育園の保育者から、その子どもがどのような特性をもっているか、どのような場面でつまずきやすいか、つまずいたときには子どもにどのような支援を行っていたかなどの情報を得ておくことが求められます。

　そうした情報伝達の場として、自治体によっては、公立幼稚園・保育園と就学先となる公立小学校で就学支援会議（移行支援会議）を開き、個々の子どもの問題について、情報を引き継ぐ機会を設けているところもあります。また、会議で情報を引き継ぐだけでなく、園での発達や成長のようすや、指導・支援で工夫や配慮してきたことなどが記録された「就学支援用のシート（資料）」を園から提供されるケースもあります。

　園から学校への情報の引き継ぎには、原則として保護者の同意が必要ですが、保護者も含めた三者による話し合いの場を設けることができればベストといえます。子どもの家庭でのようすや保護者の接し方などを聞いておくことが、学校での支援の参考になるでしょう。

生活面の
課題

整理整頓が
できない

使った教材を片づけたり、机の中のものを整理したりすることが苦手な子どもがいます。学級の共用物などもきちんと返却できず、紛失しやすくなります。

どんな背景があるの？

ＡＤＨＤ（注意欠如／多動性障害）の傾向があると、戻す場所を忘れたり、ものの返却自体を忘れたりします。また、手順通りの作業が苦手だったり、集中できずに時間をかけて整理整頓をすることが難しかったりして、途中でやめてしまいがちです。

考えられる背景

- 借りたものを返すことを忘れる
- どこから持ってきたものか忘れる
- 整理整頓の方法がわからない
- 片づけている途中で飽きてしまう
- いるものといらないものの選別ができない

など

あれ？
どこに入っていたっけ…

アドバイス

　整理整頓が苦手な子どもの場合、いるものといらないものの選別ができず、なんでも捨てずにとっておくために、机の中が散らかってしまうケースが少なくありません。整理のしかたを指導しましょう。捨ててよいものと保管しなければならないものの区別がつかない子もいるので、アドバイスしながら仕分けを手伝うことも必要です。

効果的な対応法

1 行動

2 授業

3 生活面

4 対人関係

5 学習面

保護者との連携

その場で 「片づけタイム」を設ける

いまから道具箱を片づけますよ

週に1回、学級全員で机の中のものを整理したり、片づけたりする機会を意図的につくるようにしましょう。

その場で 「整理箱」を活用する

整理箱

授業が終わったら、教科書やノートを机の脇に置いた「整理箱」に入れる習慣づけをします。

道具箱に仕切りをつくる

道具箱の中を仕切り、仕切りの中に道具の写真や図を貼って、どこになにをしまえばよいか一目瞭然でわかるようにします。

共用物の置き場所に目印をつける

マジック・クリップ

ハサミ・カッター

定規・コンパス

共用物を置く場所にも目印を貼り、どこになにを入れるかわかりやすく表示することで、みんなが使いやすくなります。

持ちものや約束を忘れやすい

持ちものや宿題を忘れて学習や活動に支障をきたすことや、人との約束を忘れて、信頼を失うこともあります。「だらしがない子」と思われてしまいやすいといえます。

また宿題忘れたのか！

どんな背景があるの？

発達障害に特有の短期記憶の弱さから、物事を忘れやすい子どもがいます。しょっちゅう約束やものを忘れるので、ふざけたり、わざとしたりしているのではないかという誤解をされることもあります。

考えられる背景

- メモをしても、確認することを忘れてしまう
- 連絡袋から出すのを忘れてしまう
- 宿題を後回しにして、そのまま忘れてしまう
- 友だちと約束したことを忘れてしまう

など

今週ずっとですよ！

忘れました…

アドバイス

　忘れものを減らすためには、家庭との協力が不可欠です。大切な書類や手紙を持ち帰らせたときは、連絡帳などに必ず記入させるようにしましょう。また、保護者が大切な書類などを持たせたときは、学校に一報してもらえるようお願いしておきます。また、授業に必要な用具の準備などは早めに子どもに連絡し、何度か伝えるようにして、家庭でも余裕をもって準備できるよう配慮します。

効果的な対応法

1 行動
2 授業
3 生活面
4 対人関係
5 学習面
保護者との連携

その場で

予備のものを使用させる

忘れた！

よかった！

筆記用具などで、スペアがそろえられるものは学校に1セット置いておき、もし忘れてしまってもそこから使えるようにしておきましょう。

持ちものの確認シートを使う

登校前にチェック

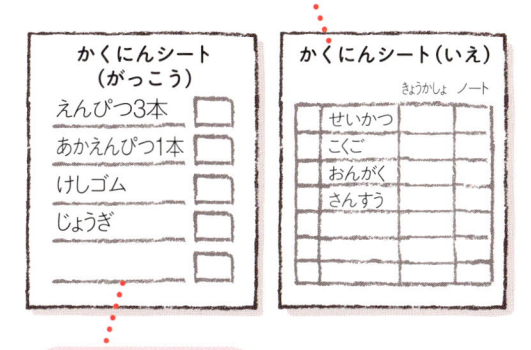

かくにんシート（がっこう）
えんぴつ3本
あかえんぴつ1本
けしゴム
じょうぎ

かくにんシート（いえ）
きょうかしょ　ノート
せいかつ
こくご
おんがく
さんすう

下校前にチェック

登校時に持っていくものと、下校時に持ち帰るものの確認シートをつくり、登校前と下校前に全部そろっているかチェックさせます。

メモをとらせる

もってくるもの
牛乳パック

持ってくるものは、牛乳パックです

もってくるもの
1
2
3

持ちものを連絡帳に書く習慣づけをします。書くのに時間がかかる子には、記入しやすいフォーマットを渡してメモをさせます。

連絡袋を活用する

中身が見える透明のものがよい

ファスナーつき

クラスだより

保護者宛の手紙などは、専用の連絡袋を用意して入れさせます。口頭で指示するだけでなく、子どもが連絡袋に入れるところまで確認します。

ものを
なくしやすい

ものの管理が苦手で、すぐに紛失してしまう子どもがいます。個人の持ちものだけでなく、学級の共用物などもなくしてしまうことがあり、せめられるケースもあります。

ない！ ない！

どんな背景があるの？

不注意や忘れやすさがあり、整頓が苦手なことが、ものの紛失につながっています。ものをなくしたらすぐにさがす、落としものに気づいたら拾うといった習慣がないことも一因になります。

定規がないけど
まあいいか

考えられる背景

- ものがなくなっていることに気づかない
- 人のものと自分のものの区別がつかない
- 使ったものをすぐに戻さない
- どこから出してきたものか忘れてしまう
- ものをなくしても、さがそうとしない

  など

周囲の子どもへの対応

　紛失したことに気づいてもさがさなかったり、落としものに気づいても拾わない子どもはどこにでもいます。また、学級内のそうじができていなかったり、ゴミが散らかっていたりすると、落としものに無頓着（むとんちゃく）になり、教室にものが散らかる傾向があります。落としものは気づいたら拾い、名前があれば本人に渡す、名前がなければ落としもの入れに入れるといった約束事を決めて、全員で実行しましょう。

効果的な対応法

1 行動
2 授業
3 生活面
4 対人関係
5 学習面
保護者との連携

その場で

使ったものは
すぐに戻させる

はさみを使い終わったらすぐに戻してね

使い終わったものは、元にあった場所にすぐに戻す習慣づけをします。使ったものを出しっ放しにしていたら注意しましょう。

すべての持ちものに
マークをつける

自分のマークなどを決めて、持ちものにはすべてそのマークをつけます。

「落としもの入れ」
をつくる

おとしもの入れ

教室に「落としもの入れ」を設置し、落としものを見つけたらそこに入れるようにします。毎日、帰りの会で、落としもの入れから紛失物を見つけさせ、本人に戻します。

持ちものを
減らす

持ちものが多いと整頓も難しく、紛失しやすくなります。持ちものは必要最小限にすることが防止策になります。

優先順位が つけられない

物事の優先順位を決めるとき、優先度のつけ方が的確でないケースがしばしばあります。あした提出の宿題よりも、2週間先にあるテストの勉強が気になって優先してしまったりします。

どんな背景があるの？

自閉症やＡＤＨＤの傾向があると、多動性や状況把握の難しさから、優先すべきことをあと回しにしてしまうことがあります。また、優先度が高いことがわかっていても、行動のコントロールがきかず、手が着けられないケースもあります。

やるべきこと・やりたいことの区別ができない

考えられる背景

- 的確に状況を把握できない
- 状況に応じた適切な判断ができない
- 緊急度や重要度のランクづけができない
- 自分のやりたいことを優先してしまう
- 面倒なことに取りかかれない

など

周囲の子どもへの対応

　物事に客観的に優先順位をつけることができず、いつも自分の興味のあることから手を着けはじめてしまいがちです。自制がきかないためにそうなってしまうのですが、周囲の子どもからは"わがままな子"という目でみられます。本人が敬遠してしまうこともサポートしながら進められるようにし、ほかの子に不公平感を抱かせないように配慮することが大切です。

効果的な対応法

1 行動
2 授業
3 生活面
4 対人関係
5 学習面
保護者との連携

その場で

計画通りにできたときはほめる

> 休み時間に課題を
> やり終えたのは
> えらいぞ！

自分のやりたいことをあと回しにし、優先順位の高い課題をきっちりやり遂げることができたときには、おおいにほめましょう。

1日単位、週単位で計画を立てる

やることリスト		
1日	さんすう しゅくだい	○
2日	こくご おんどく 3回	○
3日	はっぴょうの しらべもの	
4日	けいさんテスト のべんきょう	

1日または1週間でやるべきことについて、先生や親の助言のもとで計画を立てさせます。適切な優先順位のつけ方を、そのつど指導します。

どちらが先か、どちらが重要かを教えて判断させる

急ぐか急がないかで判断

来週 < あした

> 早くくるのは
> どっちかな？

急ぐ課題なのか、ゆっくりやってもよい課題なのかを確認します。

重要かそうでないかで判断

図書館で借りた本の返却 > 友だちとあそぶ約束

> 本を返してから
> 友だちとあそん
> だほうがいいね

重要な用事なのか、そうではない用事なのかを一緒に確認します。

最後までやり遂げられない

作品を最後まで仕上げられなかったり、困難な課題を早々にあきらめてしまったりする子どもがいます。あらゆることが中途半端にしかできず、自信ももてなくなります。

図工の作品の提出 あしたまでよ

できないから もういいや…

どんな背景があるの？

ＡＤＨＤに特有の集中力のなさ、注意散漫さ（さんまん）があると、根気のいる作業をやり遂げることが難しくなります。また、物事をやり遂げ、達成感を味わった経験に乏しいことから、取り組めないということも考えられます。

考えられる背景

- 注意力が散漫で集中力が続かない
- 単調な作業のくり返しが苦手
- 自己コントロールが難しい
- 最後までやり遂げた経験がない

など

ＡＤＨＤの特性

＝

集中できない

飽きっぽい

↓

一定の時間をかけて
じっくり
取り組む作業が苦手

工作・作文
ADHD

アドバイス

　根気のいる作業や実現の難しい課題に、あえてチャレンジしようという意欲や気力のある子どもは、全体的に減少傾向にあるといえます。嫌いなことや苦手なことに挑むのは困難ですが、好きなこと、得意なことであれば、「やってみよう」と思えるかもしれません。押しつけではなく、本人の自発的なやる気を引き出せるように課題を設定することが重要です。

効果的な対応法

1 行動
2 授業
3 生活面
4 対人関係
5 学習面
保護者との連携

その場で 小休止をはさむ

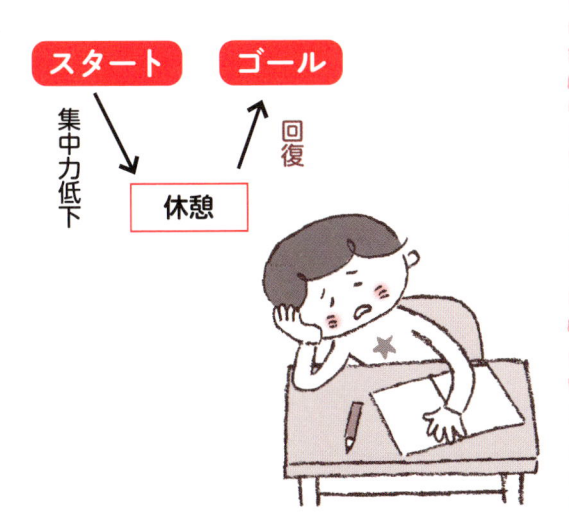

スタート → ゴール

集中力低下

休憩 → 回復

集中力が続かない場合は、ところどころに小休止を入れます。休憩が入ることで、気持ちを切りかえて、続きに取り組めるようになります。

その場で 手伝ったり ヒントを与えたりする

この図鑑、参考になるんじゃない？

できなーい！

恐竜図鑑

一人でやり遂げることが難しいケースでは、要所要所で手伝ったり、ヒントを与えたりして、投げ出すことがないよう配慮します。

スモールステップで 取り組ませる

いきなり高い到達目標を達成しようとすると気が削（そ）がれてしまうため、到達可能な低めの目標を設定すると、取り組みやすくなります。

まず一歩！

最終ゴール

4 3 2 1

各ステップを"小ゴール"ととらえ、そのつど達成感を味わわせる

ゴールまでをいくつかのステップに分け、ひとつずつ達成させるようにします。

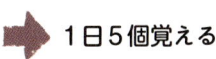

高い目標　　　　低い目標

1日10個覚える ➡ 1日5個覚える

大変そう…

できるかも！

好きなことが
わからない

自分の好きなことがなにかを把握できていない子がいます。「好きなことを自由にやっていい」と言われると、なにをしたらよいのかわからなくなってしまいます。

好きなことをしていいからね

好きなこと？

どんな背景があるの？

発達障害がある子のなかには、自分を客観視できない子どもが少なくありません。「好き」というのがどういう感情なのか理解できず、「好きなことはなにもない」と思い込んでいるケースもあります。

人から自分がどうみられているかがわからない

考えられる背景

- 「好き」と思えることが見つけられない
- 「好きなこと」の定義を理解していない
- 自分を客観的にみることができない

　　　　　　　　　　　　　　　　など

勉強ができる

笑わない　　　一人が好き

おとなしい　　　　　　　がんこ

本が好き

人と話すのが嫌い

これがぼく？

アドバイス

　自閉症の傾向のある子の場合、周囲の人がみていて好きでやっているのだろうと思うことを、「好きではない」と否定することがあります。「好き」ということばは使わずに、"それをやっていることで不安にならずにすむ"という程度の意味にとらえさせるとよいでしょう。自由時間の過ごし方のパターンをいくつか決めておくと、困らずにすみます。

効果的な対応法

1 行動

2 授業

3 生活面

4 対人関係

5 学習面

保護者との連携

 その場で

候補をあげて選ばせる

| 本を読む | 金魚のかんさつ |
| 絵を描く | 校内さんぽ |

きょうはどれにする？

本人がやれそうなことを候補にあげて示し、そこから選ばせます。

苦にならない活動をさがす

"好き"ではないけれど、不安にならずにすむかな…

好き ＝ ・苦痛を感じない ・不安にならない

「好き」とまでは言えなくても、それをしていることで本人が苦痛に感じない活動であれば、「まあまあ好きなこと」だと理解させます。

好きなことに気づかせる

気持ちが落ち着くことは、"好き"って言えると思うよ

そうなの？

「いつも本を読んでいるから、読書は好きなことなんじゃない？」というように話して、気づかせるようにします。

新しいことにチャレンジさせる

あっちでゲームやっているけど、一緒にやらない？

未経験のことでも、やってみると興味がわくかもしれません。無理強いにならない程度に、いろいろなことに挑戦させる機会を与えます。

得意不得意が わからない

だれにでも得意不得意があることが理解できず、自分の不得意なことを認めたがらない子どもがいます。課題と向き合うことができず、支援も受け入れにくくなります。

> そんなこと ないよ！

> 人と話すの得意 じゃないでしょ？

どんな背景があるの？

思い込みの激しさから、自分を客観視することが難しく、自己理解にかたよりがある子どもがいます。また、苦手なことがあってはならないという価値観にとらわれてしまっている子もいます。

考えられる背景

- 自分を客観的にみることができない
- なりたい自分と現実の自分を混同している
- 長所しかないほうがよいと思っている
- 自分に短所があることを認めたがらない
- こだわりが強く、価値観をかえられない

　　　　　　　　　　　　　　　など

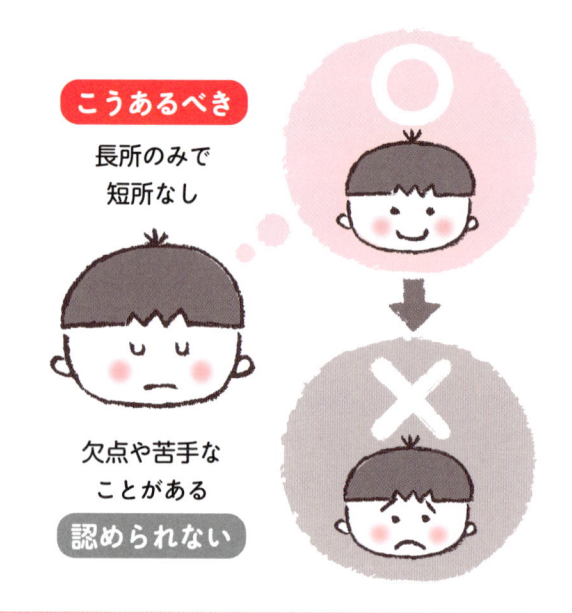

こうあるべき

長所のみで 短所なし

〇

×

欠点や苦手な ことがある

認められない

アドバイス

　得意不得意のうち、まず自覚させるのは得意なことや長所のほうです。それを理解し、自尊感情を養ったうえで、がんばってもなかなかうまくできない苦手なことを理解させましょう。不得意なことを先に自覚させると、強い劣等感をもつことになり、あとからでは長所も受け入れにくくなります。自尊感情を損なわせないことがポイントです。

効果的な対応法

その場で だれにでも得意不得意があることを教える

先生、走るのが遅くて、運動会ではいつもビリだったんだよ

へぇ〜

だれにでも得意なことと不得意なことがあることを理解させます。先生が自身の得意不得意を伝えることで、子どもが親近感をもって受け止められることがあります。

一緒に得意なことを考える

絵とピアノが好き

それが得意なことかもしれないよ！

自分の上手にできることや、好きなことがなにかを話したり、メモしたりしながら一緒に考えてサポートしましょう。

苦手なことを受け入れさせる

苦手

劣等感を抱きやすい子には…
↓
得意なことのほうを強調する

日常的なつまずきのために本人が悩んでいるときは、苦手なことを理解させ受け入れさせます。ただし、理解させるときは劣等感をもたせないような配慮も必要です。

支援の必要性を理解させる

先生がはじめだけ折ってあげるね

ホッ…

自分一人でなんでもできたほうがよいと思い込んでいる子もいるので、苦手な分野では助けてもらってもよいことを理解させます。

1 行動
2 授業
3 生活面
4 対人関係
5 学習面
保護者との連携

体の不調を伝えられない

体調不良に気づけなかったり、不調があっても、それをことばで先生に伝えられなかったりする子どもがいます。そのため、周りが気づかないうちに症状が悪化してしまうケースもあります。

大丈夫？

うーん

どんな背景があるの？

発達障害特有の感覚鈍麻があると、発熱による倦怠感やけがによる痛みに気づかない場合があります。また、不調に気づいても、引っ込み思案なために先生に伝えることができない子もいます。

考えられる背景

- 感覚鈍麻があり、不調に気づかない
- 不調を感じても、がまんしなければならないと思い込んでいる
- 不調を感じても、ことばでどう表現したらよいかわからない
- 不調をだれかに訴えることができない
  　　　　　　　　　　　　　　　　　　　　　　など

発達障害の特性のひとつ

＝

感覚鈍麻
（暑さや寒さ、痛みなどに鈍感）

↓

自分で体が熱い、けがをして痛いといったことに気づきにくい

少し熱いのかな？

アドバイス

　　体調不良に気づきにくい子どもについては、保護者から家庭でのようすなどを聞いて、どういう不調が起こりやすいか知っておくことが求められます。また、休み時間に起こったけがなどは、周りにいる子どもたちのほうが早く気づくため、なにかあったときは、すぐに先生に伝えに来るように、日ごろからお願いしておきましょう。

効果的な対応法

1 行動

2 授業

3 生活面

4 対人関係

5 学習面

保護者との連携

その場で 体調を示すカードを使って把握する

体調が悪くても、自分から言い出せない子もいます。そうしたケースでは、さまざまな体調不良の状態を表した絵カードや、程度を示す表などを用意しておき、それを見せて本人に選ばせるようにしましょう。体調が悪くなって困ったときに、伝達手段があることを理解しておくことで、子どもの不安も軽減されます。

程度を伝える

とても

すこし

状況を伝える

おなかがいたい

きもちがわるい

ねつがありそう

あたまがいたい

けがをした

よこになりたい

常に子どもを観察する

複数の先生の
目で見守る

低学年のうちは、子どものようすに変化がないか観察するようにします。養護教諭にも協力を求め、複数の目で確認するとよいでしょう。

保護者との連絡を密にする

なにかありましたらご連絡いたします

顔が赤かったんですが…

前日や登校前に気になる体調変化があった場合は、保護者から学校に連絡をしてもらいます。保護者とこまめに連絡をとることが大切です。

インターネットや
ゲームに熱中しすぎる

家庭でインターネットやゲームに熱中するあまり、睡眠時間が削（けず）られて、日中の学校での活動がきちんとこなせない子どもがいます。健康上の問題も大きいため、見過ごせません。

○○さん
起きなさい

どんな背景が
あるの？

発達障害のある子の場合、生活リズムが乱れやすく、夜は目が冴（さ）えて、昼間になると眠くなってしまうケースがあります。また、SNSなどへの依存があって寝不足になる子どももいます。

考えられる背景

- 睡眠障害があって夜更かししてしまう
- 家族の生活リズム、睡眠リズムも乱れている
- SNSで友だちとのトラブルを抱えている
- インターネットやゲームへの依存性が高い
　　　　　　　　　　　　　　　　　　　など

自己抑制がききにくい

↓

インターネットやゲームに
のめり込みやすい

あと1回…

もう少し…

アドバイス

　人づきあいが苦手な子どもの場合、SNS特有の"コミュニケーションのルール"や、やりとりの"やめどき"がわからないことで、のめり込んでしまいがちです。保護者に子どものSNSのやりとりに関心をもってもらい、必要に応じて相手をうまくかわす方法などを助言してもらったり、使用時間を制限してもらったりといった対応をお願いしましょう。

効果的な対応法

生活サイクルを見直す

ゲームしてたら2時くらいになっちゃいます

いつも何時に寝てるの？

子どもから家庭での生活時間について聞き、早めに就寝できるような生活リズムにかえる方法を話し合います。

インターネットやゲームの時間を制限する

わかりました

ゲームの時間を減らせませんか？

家庭でインターネットやゲームに費やす時間を制限できないか、保護者に相談します。

友人関係のトラブルを確認する

なにかトラブルの話聞いていない？

2組の○○さんがいじめられているそうです

SNSやゲームを介して、友だちとトラブルなどが起きていないか常に確認します。学級のいろいろな子どもから話を聞きましょう。

専門家への相談をすすめる

睡眠障害

さまざまな対応を試みても、生活リズムが改善されなかったり、昼夜逆転の生活が続いたりするケースでは、睡眠障害も疑われます。保護者と面談し、医師などの専門家に診てもらうことも打診します。

1 行動

2 授業

3 生活面

4 対人関係

5 学習面

保護者との連携

着がえに時間がかかる

体育の授業の前後で着がえるとき、時間がかかりすぎて授業に間に合わなくなってしまう子どもがいます。授業の進行に影響する可能性もあります。

遅いよ

どんな背景があるの？

独特の不器用さがあり、衣服の着脱に非常に時間がかかるケースがあります。また、着がえるときの騒々しい雰囲気になじめなかったり、体操着が肌に合わないこともあります。

考えられる背景

● 不器用さがあり、時間がかかる

● 着がえることに集中できずに遅れる

● 着がえるときの雰囲気が苦手である

● 感覚過敏があり体操着が肌に合わない　など

あれ？

不器用さがあると着がえでつまずきやすい

周囲の子どもへの対応

　感覚過敏があると、体操着の肌触りが苦手といった問題があり、みんなと同じ体操着を着られなかったり、着がえの雰囲気が苦手で、ほかの子どもと一緒に着がえることができない場合があります。その場合は個別の配慮が必要になりますから、その子の特性を周りの子どもに知ってもらい、特別な配慮をすることに理解が得られるよう努めます。

効果的な対応法

1 行動
2 授業
3 生活面
4 対人関係
5 学習面
保護者との連携

その場で 着がえるよう声をかける

そろそろ着がえなさい

なかなか着がえはじめない子どもには、着がえをはじめるタイミングを知らせます。時間のかかる子どもは早めに着がえさせましょう。

その場で 着がえる時間を余分に与える

もう着がえはじめていいですよ

はい

休み時間内だけでは着がえが終わらない子の場合は、前の授業を早めに終わらせて着がえさせるなど個別に配慮をします。

その場で 着がえやすい環境を整える

狭い場所で一斉に着がえをする雰囲気になじめない子どももいます。その場合は教室の空いているスペースを与えましょう。

体操着でなくてもよいことにする

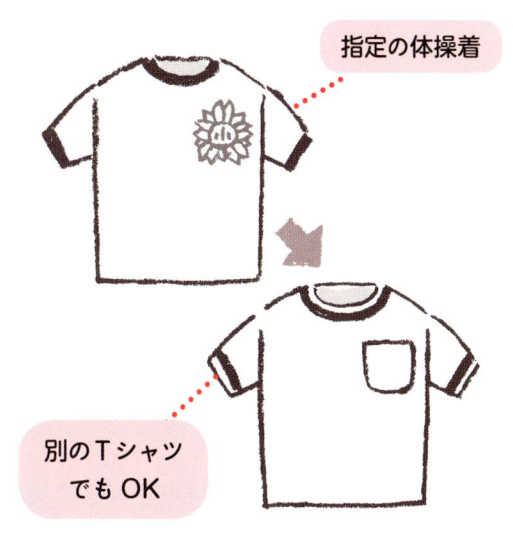

指定の体操着

別のTシャツでもOK

感覚過敏などがあり、体操着が肌に合わない子どももいます。その場合は、特別に、運動しやすい服装であればよいことにします。

脱いだ服を
たためない

着がえのときに、脱いだ衣服をたたみ、一か所にまとめておくことができない子どもがいます。衣服が紛失したり、ほかの子のものと取り違えてしまうおそれもあります。

どんな背景があるの？

たたみ方がわからない、不器用でたためない、たたむことを忘れてしまうといったケースがある一方で、こだわりが強く、ていねいにたたむことに集中しすぎて時間がかかるケースもあります。

考えられる背景

- たたみ方がわからない
- たたむことをうっかり忘れて次の行動に移ってしまう
- 家庭で衣服をたたむ習慣ができていない
- ていねいにたたみすぎて時間がかかる
　　　　　　　　　　　　　　　　　　　　　など

どうやるとあんな形にたためるの？

アドバイス

　家庭でふだんから脱いだ衣服をたたむ習慣がついている子どもには、こうした問題は起こりません。家でもたたみ慣れていないと、学校でも脱ぎっぱなしになってしまいます。衣服をたたんでおけば紛失しにくく、次に着るときもすばやく着られます。家庭とも協力して、衣服の着脱と整理整頓というスキルを習得させることが重要です。

効果的な対応法

1 行動

2 授業

3 生活面

4 対人関係

5 学習面

保護者との連携

その場で
脱いだ服は
カゴにしまう

脱いだ服が散らかってしまう子のために、脱いだ服を入れられるカゴを用意しましょう。カゴに入れることで紛失を防げます。

その場で
友だちを
手本にさせる

こんなふうに
きちんと置こう

きちんとたためている子に注目するよう声をかけ、衣服をたたむということを意識させるようにします。

その場で
簡単にたたむことを
理解させる

すぐ着るから
折るのは1回でいいよ

こだわりがあると、ていねいにたたむことに執着しがちですが、またすぐに着ることを説明し、簡単にたたむように指導しましょう。

全員でたたみ方を
練習する

みんなで
練習してみましょう

学級全体で、簡単にできる衣服のたたみ方を練習するとよいでしょう。

ボタンやスナップ
が留められない

ボタンの留め外しや、ファスナーの開閉がスムーズにできない子どもがいます。着脱のたびに、先生や友だちに手伝ってもらわなければならない子どももいます。

どんな背景があるの？

手先が不器用で指が思うように動かなかったり、力の入れ具合をうまくコントロールできなかったりする子どもに起こりやすい問題です。また、着脱がしにくい服を着ている場合もあります。

考えられる背景

● 手先が不器用である

● 目で確認しながら、指先の動きをコントロールすることができない

● ボタンやスナップの多い衣服を着ている

● 家庭では自分で留め外しをせず、親にやってもらっている

など

上がらないよ…

アドバイス

　ボタンの留め外しなどのスキルは、できれば就学前に身につけておきたいものです。しかし、本人が努力していても、不器用さのためにできないこともあり、一定の理解も必要でしょう。学校生活では集団で行動するため、スキル習得のための時間をとることは困難ですから、家庭で練習の機会を増やし、上達させられるようお願いしましょう。

効果的な対応法

その場で

時間がなければ手伝う

ふだんは自分で
留めようね

はい

一人の子どものために、全体の活動を停止することが困難な場合は手伝います。時間があるときは一人でやらせましょう。

手先を使う活動を取り入れる

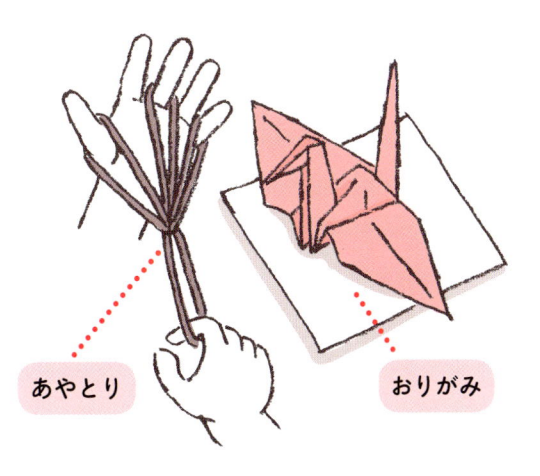

あやとり

おりがみ

手先が不器用でできないことが多いため、活動にあやとりやおりがみなど、手先を使うあそびを取り入れるのも一案です。

着脱の難しい衣服は避けてもらう

着がえに時間がかかることが、本人にとってもストレスになってしまいます。着がえのある日には、一人で着脱することが難しい服装の着用は遠慮してもらうよう、保護者にお願いしましょう。ボタンやスナップが多い服、ファスナーが手の届きにくい位置についている服、きつめのデザインで着脱がスムーズにできない服などは避けることが望ましいといえます。

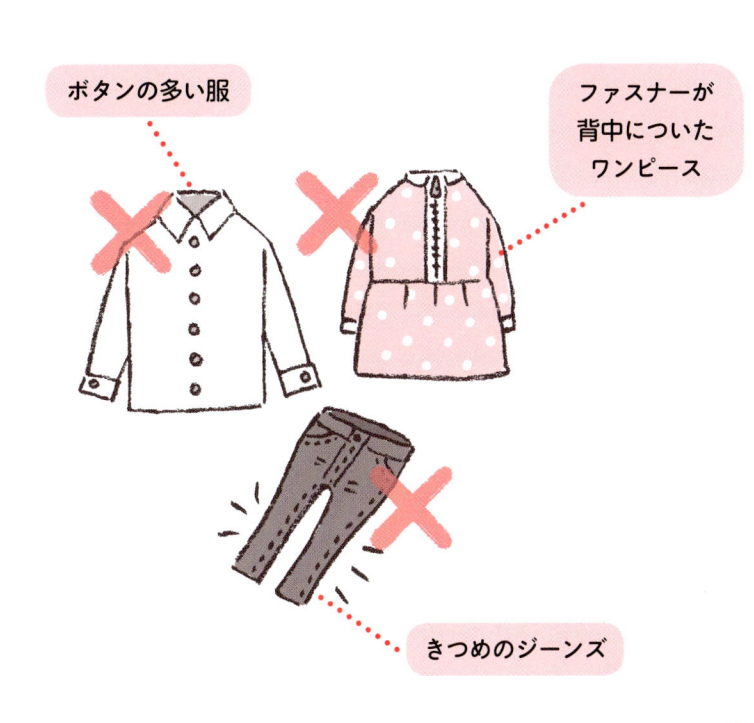

ボタンの多い服

ファスナーが
背中についた
ワンピース

きつめのジーンズ

1 行動

2 授業

3 生活面

4 対人関係

5 学習面

保護者との連携

身だしなみを
整えられない

身だしなみが乱れていても気にしない子どもがいます。そのため、周囲の子には、だらしないイメージに映ってしまいます。本人は気がついていないので、鏡などでチェックするよう指導します。

どんな背景があるの？

人からどうみられるかという意識が低い子どもは、身だしなみに気が回りません。また、ボディーイメージ（体の部位を把握し、適切に動かしたり力を入れたりすること）が弱いために、身だしなみをきちんとチェックできないケースもあります。

考えられる背景

● 人からどうみられるかが気にならない

● よい身だしなみがどういう状態かわからない

● ボディーイメージが弱いので、身だしなみの乱れに気づかない

●感覚過敏があり、人に直してもらうことをいやがる

など

人からどんなふうにみられるか気にならない

↓

身だしなみも意識できない

周囲の子どもへの対応

　学級のなかでときどき身だしなみをチェックするとよいでしょう。上着のすそがズボンやスカートの中に入っているか、えりが折れ曲がっていないかなどを全体に向けて指導します。子どもどうしでチェックし合ったり、背中などの見えない部分を直し合ったりすることで、身だしなみへの意識を高めていくことができます。

効果的な対応法

1 行動
2 授業
3 生活面
4 対人関係
5 学習面
保護者との連携

その場で よい身だしなみを教える

シャツのえりを直して

えりやすそが、どうなっている状態がよい身だしなみといえるのかを理解させ、鏡を見ながら、直し方のポイントを教えます。

その場で 気がついたときにそのつど注意する

また、すそがはみ出ていますよ

子どもの身だしなみの乱れに気がついたときは、そのつど注意しましょう。回を重ねるごとに意識づけができるようになります。

その場で 友だちどうしでチェックさせる

えりが折れてるよ

ほんと？

最も乱れやすいのは着がえのあとなので、そのときに友だちどうしで確認し合い、乱れがないかチェックさせるようにしましょう。

その場で よい身だしなみのときはほめる

とてもいいですねすてきですよ

身だしなみが整っているときは、ほめましょう。よい身だしなみを本人がイメージでき、身だしなみへの意識を高めるよう促します。

上履きや靴下をはきたがらない

上履きや靴下をはくのをいやがり、校内にいるときに素足で過ごしたがる子どもがいます。素足でいるとけがをしてしまう可能性もあるため、注意が必要です。

イタッ！

どんな背景があるの？

発達障害に特有の感覚過敏があることも考えられます。本人が納得のいくはき心地でないと、強い不快を感じ、靴や靴下を脱いでしまうことがあります。

考えられる背景

- はき心地に耐えられない違和感や不快感がある
- 納得いくまで何度もはき直したくなる
- 素足でいるほうが落ち着く
- 無意識に上履きや靴下を脱いでしまう

など

ヤダー

途中で脱いでしまうこともある

アドバイス

　不器用さのために靴をはくのに時間がかかる子もいますが、感覚過敏が原因で時間のかかる子もいます。靴をはくときに急かすと、本人が納得しないはき心地のまま歩かなければならず、どこかで歩けなくなったり、靴を脱いでしまったりすることもあります。登下校中にそうした事態が起こると危険なため、本人が許容できる靴をはかせるようにします。

効果的な対応法

1 行動

2 授業

3 生活面

4 対人関係

5 学習面

保護者との連携

その場で

靴をはくのを急かさない

早くはきなさい！

はき方にこだわりをもっていることがあるため、靴のはきかえに時間がかかるケースもあります。本人が納得のいくまで待つことが求められます。

指定外の上履きを許容する

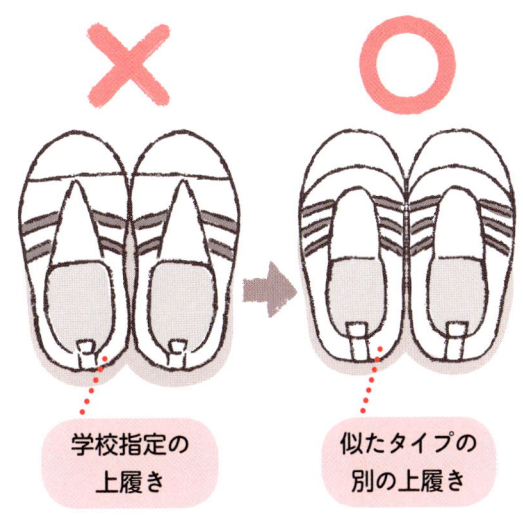

学校指定の
上履き

似たタイプの
別の上履き

学校指定の上履きが足に合わない子どももいます。その場合は、指定外のものでもよいことにするなど、一定の配慮をしましょう。

別の履きものを許容する

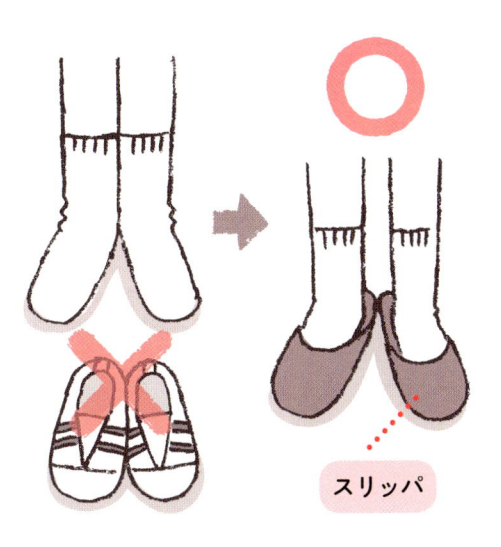

スリッパ

どうしても上履きをはきたくないというときは、一時的にスリッパやサンダルで代用してもよいことにします。けがを防止するため、素足は避けます。

気に入った靴下を着用させる

はいたときに肌に当たって痛みを感じる子どももいる

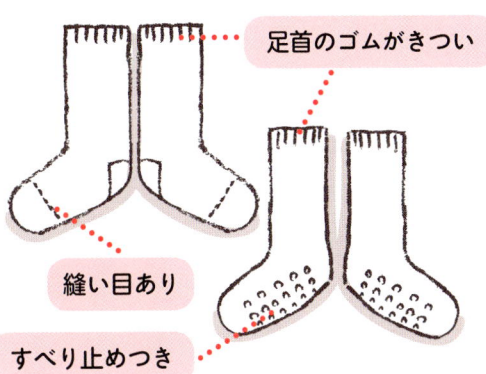

足首のゴムがきつい

縫い目あり

すべり止めつき

家からはいてくる靴下については、できるだけ本人が気に入ったものを着用してくるよう、保護者にお願いしておきましょう。

係の仕事をしない

決められた係の仕事をきちんとこなせない子どもがいます。係の仕事は分担制なので、務めを果たさないことで、周りの子どもから非難を受けるようになります。

どんな背景があるの？

不注意のために係の仕事があることを忘れてしまうケースや、衝動性のために持ち場を離れてしまうケースなどがあります。また、苦手な仕事を担当しているためにうまくできないこともあります。

考えられる背景

- 係の仕事のことを忘れてしまっている
- ほかの刺激に気をとられ持ち場を離れてしまう
- 仕事のやり方がわからない、または忘れる
- 苦手な仕事を担当している

など

係の仕事をしない理由

うまく
できない

やり方が
わからない

忘れた

↓

**悪意があって
さぼっているわけではない**

周囲の子どもへの対応

　人とのかかわりが苦手な子の場合、人と協力しなければならない仕事が精神的な負担となることもあるため、一人でできる仕事を受け持てるようにするなどの配慮が求められます。同時に、そのことで、ほかの子どもが「楽をしてずるい」と感じないよう、係のほかの子どもの理解も必ず得るようにし、全体の作業のバランスを調整することも大切です。

効果的な対応法

1 行動

2 授業

3 生活面

4 対人関係

5 学習面

保護者との連携

その場で 係カードを つけさせる

> きょうは図書係の当番ですよ

係の仕事がある日は、係の名前が書かれたカードをつけさせます。

その場で 抜け出したら 持ち場に戻らせる

> ○○さんの担当はどこだっけ？

係の仕事の途中に持ち場を離れてしまったときは、すぐに呼び寄せて持ち場に戻らせるようにします。

仕事内容を 掲示する

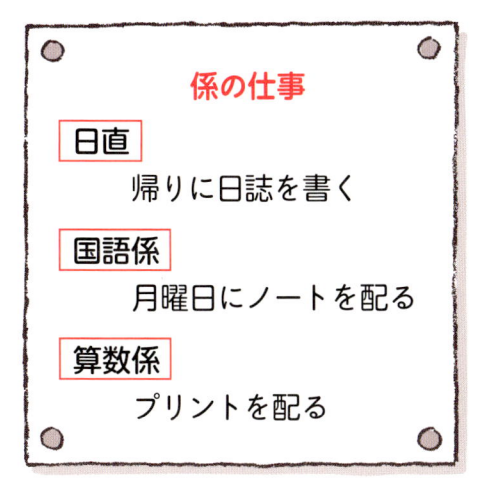

係の仕事

日直
　帰りに日誌を書く

国語係
　月曜日にノートを配る

算数係
　プリントを配る

仕事の内容を理解していなかったり、忘れてしまったりしている場合もあるため、なにをするかを掲示しておきましょう。

本人が得意な仕事を 与える

> パソコンは苦手だから図書整理がいいな…

苦手な仕事が与えられている場合は取り組みにくくなるため、できるだけ本人が得意な仕事を担当させましょう。

給食でつまずく

偏食が激しい、食事に時間がかかる、食べながらあそんでしまうなどといった理由で、給食時に問題が起こることがあります。食事の時間が楽しめなくなる可能性もあります。

まだ食べているの？

どんな背景があるの？

多動性や衝動性のため、食事中もふざけてしまう子どもがいます。また、味覚が未発達なために味や食感へのこだわりがあり、激しい偏食をともなう子もいます。

考えられる背景

- 味覚が未発達なため、偏食が激しい
- 多動性があり、食事中おしゃべりしてしまう
- 不注意のため、食べこぼしが多い
- 大勢のなかで食事ができない
- 不器用さがあり食事に時間がかかる
  など

偏食の原因

＝

味覚が未発達な可能性も

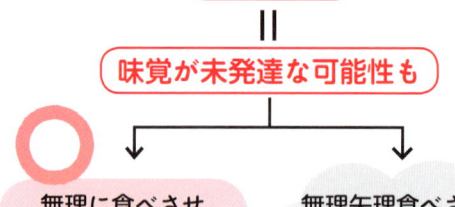

○ 無理に食べさせなければ落ち着いて食事ができる

× 無理矢理食べさせるとパニックになるおそれも

無理に克服させる必要はない

アドバイス

　おしゃべりやあそびが多く、落ち着いて食事がとれない子どもの場合は、周りや同じ班に一緒に騒いでしまいがちな子どもを配置しないように配慮します。班ごとに机を寄せる形にすると、学級全体が騒がしくなってしまう場合は、給食時間も一人一人机を離したまま、前を向いて食べるというスタイルを採用してもよいでしょう。

効果的な対応法

1 行動

2 授業

3 生活面

4 対人関係

5 学習面

保護者との連携

その場で 量を加減する

大盛り　　小盛り

食の細い子や食事のペースが遅い子には、少なめに盛りつけるなどして、みんなと同じ時間に食べ終えられるようにします。

その場で 好き嫌いは大目にみる

野菜多め　　野菜少なめ

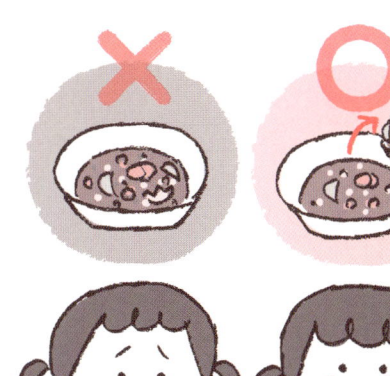

偏食の激しい子の場合、嫌いな食材ははじめから少なめに盛りつけるようにし、無理矢理食べさせないようにしましょう。

その場で 最後の10分は食事に集中させる

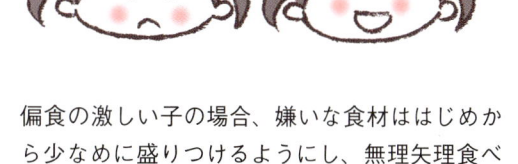

残り10分はおしゃべりせずに食べましょう

給食の最後の10分は全員食事に集中させるようにします。前半はおしゃべりをしても、時間内に食べ終えられるよう配慮します。

別室で食べてもよいことにする

大勢のなかで食事をするのが苦手な子もいます。給食のときだけ、保健室など別室で食べてもよいことにするといった配慮をします。

給食当番が
できない

給食当番の役割が上手にできない子どもがいます。やりたがらない、盛りつけが上手にできない、簡単な仕事しかできないなど、さまざまな問題が起こります。

あっ！

どんな背景があるの？

ＡＤＨＤの傾向があり、不注意から当番を忘れてしまうことがあります。また、自閉症の傾向があり、目分量で分けることが苦手な場合もあります。不器用なために盛りつけがうまくできない子、逆にていねいにやりすぎて時間がかかる子などもいます。

考えられる背景

● 給食当番があることを忘れてしまう

● おしゃべりしたり、あそんだりしてしまう

● 状況判断の難しさや不器用さのために、人数に応じて盛りつけができない

● なにをすればよいかわからず時間がかかってしまう

など

えーっ！

なくなっちゃった

アドバイス

　ご飯やおかずは取り分ける際に一人分の分量をつかむのが難しく、上手にできる子は限られます。不器用な子の場合、盛りつけはなかなかやらせてもらえず、いつも牛乳を配る係になってしまいかねません。どの子にも難しい役割を担えるチャンスを、ある程度、回数を決めて与えましょう。その場合は、先生や友だちでサポートします。

効果的な対応法

1 行動

2 授業

3 生活面

4 対人関係

5 学習面

保護者との連携

その場で 当番があることを事前に確認する

○○さん、きょうは
給食当番忘れないようにね

給食当番であることを忘れてしまう子もいるので、直前にきょうが当番の日であることを本人に知らせておきます。

その場で おしゃべりはやめさせる

おしゃべりは
しませんよ！

おしゃべりをしている場合は注意し、話をやめさせます。衛生上の問題があるうえ、作業に時間がかかることを理解させます。

仕事は平等に担わせる

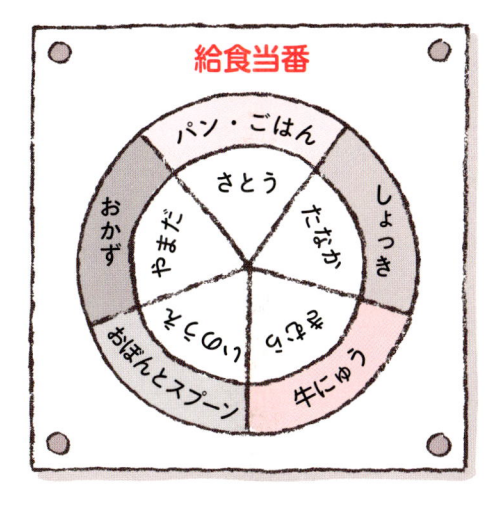

給食当番

パン・ごはん
さとう
しょっき
たなか
いのうえ
牛にゅう
お盆とスプーン
やまだ
おかず

仕事は難しいものから簡単なものまであるため、全員が平等に分担できるよう、ローテーションしていく方法が望ましいといえます。

家庭でお手伝いをさせてもらう

分けて盛る
練習をする

×3 ×3 ×2 ×2

お父さん　お母さん　自分　弟

盛りつけ方などがわからない子は、家庭でお手伝いをしながら、少しずつスキルを身につけてもらうよう、保護者に協力を求めます。

129

危険なことが わからない

危険なことがわからず高いところに登ったり、高所から飛び降りたりする子どもがいます。大きなけがにつながるおそれもあり、安全面の対策を十分に行う必要があります。

下りなさーい！

どんな背景があるの？

衝動性が高く、考えなしに危ない行動をとってしまうケースや、空間認知（ものの位置や向きを認識する能力）の弱さから、危険を察知できずにけがをしてしまうケースもあります。

考えられる背景

● 考えるより先に体が動いてしまう

● 階段のような不安定な場所にいることを忘れて、ふざけてしまう

● 距離感がつかめず、人やものにぶつかりそうになっても察知できない　など

距離感がつかめないと…

あ、呼んでる

ちょっと来てー

イター！

わ！

人に衝突してしまうことも

アドバイス

　状況理解に弱さがあると、さまざまな場面で危険に気がつかずに行動してしまいます。そのため、場合によっては周囲の子どもを危険な目にあわせてしまう可能性もあります。先生は、事前に「なぜ危険なのか」「どんなことをするとそうなるのか」などと、状況と場所を具体的に示しながら、危険なことについて教えることが大切です。

効果的な対応法

1 行動

2 授業

3 生活面

4 対人関係

5 学習面

保護者との連携

その場で 友だちにも見守ってもらう

先生！ ○○さん階段であそんでます！

すぐ行きます

ほかの子どもたちにもお願いしておき、危険な行動をとりやすい子が危ないことをしそうになったら止め、先生を呼んでもらいます。

その場で 常に注視して具体的に声をかける

野菜を持つほうの手は指を折り曲げてね

体育や家庭科の授業、校外活動において、不器用な子どもやけがの多い子どもの動きにはとくに注視し、危険を感じたら具体的に声をかける必要があります。

安全のルールを守らせ危険な場所は立ち入り禁止にする

校内の危険な場所を教えるほか、廊下を走らない、階段でふざけないなどの基本的な安全のルールを日ごろから認識させておきます。危険な場所や使用していない部屋には施錠をするなどして、子どもが立ち入れないようにします。

ルールを掲示しておく

ろう下を走らない

かいだんでふざけない

屋上→

立入禁止

立ち入れないようにする

休み時間の過ごし方がわからない

休み時間をどうやって過ごしたらよいかわからず、苦痛に感じてしまう子どもがいます。「自由にしていい」と言われることが、本人を悩ませることになります。

好きなことをしていいからね

どんな背景があるの？

友だちに声をかけられない子、友だちから拒絶された経験があり、人と交われない子がいます。また、なにをしてよいかわからずに困惑してしまう子もいます。

考えられる背景

● 内気で自分から人に声をかけられない

● 「自由にしていい」と言われても、なにをすればよいのかがわからない

● 「○○しなさい」と指示されるほうが楽に感じる

● 拒絶されるのが怖くて声をかけられない

など

仲間に入れてもらえなかったり意地悪をされた経験がある

ねえあそぼう！

いい！

↓

人を避けるようになってしまう子も…

アドバイス

　　自閉症の傾向のある子のなかには、自由度が高くなるほど、なにをすればよいのかわからずに不安に感じる子どもがいます。「好きなことをしなさい」と言われても、自分が好きなものがなにか判断できない場合もあります。先生が、子どもが好きなことを一緒に考えて、候補をあげてもよいでしょう。こうした取り組みは、子どもの自己理解にもつながります。

効果的な対応法

1 行動
2 授業
3 生活面
4 対人関係
5 学習面
保護者との連携

その場で 過ごし方の候補を考える

読書のほかにある？

えーと 絵を描くことかな…

これなら休み時間にやってもよいと本人が思えるものを聞き出し、候補をいくつかあげます。そのなかから選択させるようにします。

その場で 友だちに誘ってもらう

○○さんも誘ってあげて

はい

本当は仲間に入れてほしいのに、自分から「あそぼう」と声をかけられない子どもには、友だちに誘ってくれるようお願いします。

拒絶しないことを約束にする

だれとでもあそべることが大事だよ

クラスのやくそく
・なかまに入れてほしいときは「入れて」と言う
・「入れて」と言われたら「いいよ」とこたえる

友だちから「仲間に入れて」と声をかけられたら、拒絶しないことを学級の約束にします。だれとでもあそべることを目標にするとよいでしょう。

ときどき全員であそぶ

きょうの休み時間はみんなで外であそぼう！

ワーイ！

ときどき、先生が子どもたちに呼びかけて、学級全員であそぶのもよいでしょう。ただし、いやがる場合は無理をさせないようにします。

校内で迷子になる

音楽室などの特別教室の場所を覚えられなかったり、進級して自分の教室がかわると、目的の場所に行けなくなってしまう子がいます。授業に間に合わなくなる可能性もあります。

どんな背景があるの？

空間認知に弱さがあり、いわゆる"方向音痴"になってしまう子がいます。また、いつも人任せで歩いていると、校内の地図がいつまでも頭に入らず、一人で移動できなくなる場合もあります。

考えられる背景

- 空間認知が弱く、場所がわからなくなる
- 短期記憶が弱く、場所を覚えられない
- 依存心が強く、自分で覚えようとしない
- 困ったときに、人に聞くことができない

　　　　　　　　　　　　　　　　　　など

うん

体育館こっちだよ
連れてってあげるね

いつまでも人任せにしていると
教室の場所を覚えられなくなる

アドバイス

　　校内の配置図が把握できていないことで、本人が教室移動を面倒に感じるようになり、授業への参加に支障が出ることは避けなければなりません。配置図が頭に入るまでは、親しい友だちに声をかけ、教室移動の際に誘ってもらえるようお願いしてもよいでしょう。支援の手は少しずつ減らし、最終的には一人で移動できるよう促します。

効果的な対応法

1 行動

2 授業

3 生活面

4 対人関係

5 学習面

保護者との連携

校内の地図をつくる

1-4の前が
体育館よ

目的地までの道順を書き入れた校内の地図を子どもに渡し、最初はそれを見ながら一緒に歩きます。慣れてきたら一人で行かせてみます。

案内のプレートを設置する

案内プレートの例

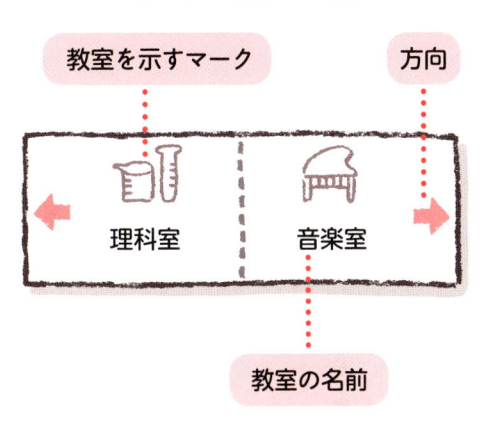

教室を示すマーク

方向

理科室

音楽室

教室の名前

階段の上がり口や曲がり角などに、矢印と教室の名前を書いた案内のプレートを設置すると、迷っても手がかりにすることができます。

入学時に校内探検をする

ここが保健室
ですよ

校内の地図をまだ把握していない入学当初に、全員を連れて校内探検をしましょう。自分の教室に戻るときの目印などをしっかり教えます。

職員室の場所だけは覚えさせる

校内で迷ったときでも、職員室の場所だけはわかるように教えておきましょう。いざというときは先生に聞いて解決することができます。

登下校中に迷子になる

登下校の途中で迷子になり、学校への到着が遅れたり、なかなか自宅に戻れなかったりする子どもがいます。安全上の観点からも、なんらかの対策を講じる必要があります。

あれ？
ここどこ？

どんな背景があるの？

あいまいな記憶に基づいて歩いてしまい、道に迷うことがあります。空間認知の弱さも距離や方向を間違えやすくします。また、迷ったときに一人で解決しようとして、失敗することもあります。

考えられる背景

● 空間認知が弱く、距離や方向を間違える

● 短期記憶が弱く、道順を覚えられない

● 迷ったとき、人に聞いて解決できない

● 複数の通学路を使っているため、なかなか道順が覚えられない

など

迷っちゃったけど
自分で解決しなくちゃ…

ますます迷ってしまう

アドバイス

　とくに、冬場になると日が短くなり、帰宅時間に暗くなってしまうこともあります。昼と夜では周りの風景の見え方がかわり、道にも迷いやすくなるため、保護者に連絡して学校まで迎えに来てもらったほうがよい場合もあります。本人が人に道を聞くときは、防犯のためにも通行人ではなく、コンビニなどの店員に聞くように伝えておきます。

1 行動
2 授業
3 生活面
4 対人関係
5 学習面
保護者との連携

効果的な対応法

その場で 迷ったときには人に聞く

道に迷ってしまったときは、近くのコンビニやお店に入って聞くように伝えておきます。お店で道順を聞くときの言い方も練習しておきましょう。

その場で 保護者や先生が途中まで付き添う

通学路が覚えられないうちは、保護者や先生が途中まで付き添って歩き、迷子にならないよう配慮します。

目印になるものを記憶させる

道順がなかなか覚えられない子には、道中の目印となるものを一緒に確認して、迷ったときの手がかりになるようアドバイスします。

決まった通学路を使わせる

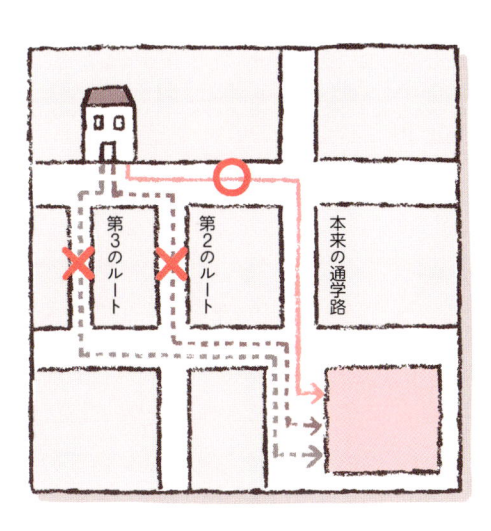

家庭から学校に伝え、共通認識している通学路はひとつです。その通学路を必ず使うよう指導します。

学校を休みがちになる

登校時刻が近づくと体調不良を訴えたり、特定の曜日に休みたがったりするケースがあります。登校をしぶるようになったら学校に連絡をもらい、対応を考えます。

頭が痛い…

どんな背景があるの？

授業についていけない、いじめられている、嫌いな教科があるなど、さまざまな理由が考えられます。それぞれの問題を解決したうえで、つまずいたとき子どもが相談できるようにしておく必要があります。

考えられる背景

- 授業がわからない、ついていけない
- 嫌いな教科の授業がある
- 先生から注意されることが重荷である
- 友だちからいじめられている
- 孤立しやすく、学校が楽しくない

など

わかんないよ…

わかりましたねー！

ハーイ！

アドバイス

休んだあとの登校は、教室に来ることにこだわる必要はありません。本人が希望したら最初は保健室登校からはじめて、給食のときだけ教室に戻るなど、少しずつ慣らしていきましょう。本人が親しい少人数となら過ごせる場合もあります。そういうケースでは、休み時間に保健室やカウンセリングルームに友だちに来てもらって一緒に過ごすといった対応も考えます。

1 行動

2 授業

3 生活面

4 対人関係

5 学習面

保護者との連携

効果的な対応法

疲れをとるため少し休ませる

いいんですか？

２日間お休みにしましょう

精神的・身体的な疲れがあることが考えられる場合は、２～３日休みをとるよう促します。授業の遅れは心配ないことも伝えましょう。

不登校の原因を探る

水泳の授業が負担のようです

本人や保護者から不登校の理由が得られるときは、その情報をもとに、学校全体で子どもに起こっている問題について確認します。

原因を取り除く

ホッ

次の水泳の授業は見学してもいいですよ

原因がわかったら、その問題を早急に解決しましょう。問題解決を図って安心させてから、再登校を促します。

休みが長期にならないよう配慮する

あしたから学校に来る約束だよ

はい

長く休むと再登校が困難になるため、家庭訪問をして先生も友だちも待っていることを伝え、遅刻や早退をしたり、短時間だったりしてもよいので、登校することをすすめます。

反抗期の子どもには運動が効果的

ホルモンが激しい感情を起こす

　小学校高学年から中学生にかけて、子どもは攻撃的になったり、キレやすくなったりして、精神的に不安定になります。この時期を一般的に"反抗期"と呼んでいます。子どもの反抗期には家庭でも悩まされますが、学校のなかでもトラブルが起こりがちです。ささいなことでケンカになったりすることもあり、衝突しやすい子どもどうしの席をなるべく離すといった配慮が必要になることもあります。

　なぜ、感情が爆発したり、キレやすくなるのでしょうか。その理由が最近の脳科学の研究で明らかになってきました。アメリカのある研究で、怒りや悲しみの感情の中枢といわれる、脳の「扁桃体」と呼ばれる部分が10代の子どもの場合、大人よりも過敏に反応することがわかったのです。しかも、その刺激は10代の時期に多く分泌される性ホルモンの影響（いわゆる二次性徴）を受けていることも明らかになっています。

　つまり、この時期、子どもは悲しみや怒りの感情が激しく、爆発しやすくなり、本人が意図していなくても、キレたり、暴れたりといった行動に出てしまいやすいのです。

ストレスを解消する手段を

　一方で、怒りや悲しみを抑制したり、衝動をコントロールしたりする役目を担う、脳の「前頭前野」と呼ばれる部位は、ほかの部分に比べて発達がゆっくりです。反抗期には、怒りの感情は爆発するけれども、それにブレーキをかけることはできない状態になっているということです。その結果、いきなりキレて、衝動的に乱暴な行動をとってしまい、周囲の大人から"扱いにくい"と疎まれるようになるのです。

　また、怒りや悲しみの感情を爆発させることは、本人にとっても大きなストレスです。不安定な精神状態のままスマートフォンを手にすれば、一時的な感情に任せて、過激なコメントを書き込んでしまい、他人を傷つけたり、トラブルを引き起こしたりする可能性もあるでしょう。

　モヤモヤした気持ちを爆発させるなら、スポーツに打ち込むのも、体を動かすことでフラストレーションを発散させることができて効果的です。たとえば、小中学生の男の子がサッカーや野球のチームに入って活躍する話をよく聞きますが、そういう場があることは彼らにとって救いであり、トラブルが起きにくくなるという点においては、周りの人たちにとっても望ましいことであるといえるでしょう。

対人関係の課題

グループで孤立する

グループで活動するときに、溶け込めずに孤立してしまう子どもがいます。人と意見を交わしたり、協力したりする機会が失われ、学びを深めることができなくなります。

どんな背景があるの？

> 自閉症の傾向がある子の場合、人とかかわりをもちたがらないため、孤立しやすくなります。内気なために声をかけられない子や、悪ふざけが過ぎて周囲から敬遠される子もいます。

考えられる背景

- 人への関心がうすくかかわろうとしない
- 苦手なメンバーだと打ち解けられない
- 自分から声をかけられない
- 依存心が強く誘いを待ってしまう
- 周囲から敬遠されている

など

打ち解けられない2つのタイプ

- 自分から打ち解けようとしなかったり、できなかったりするタイプ

- ふざけすぎたり、攻撃的だったりして、周りから敬遠されてしまうタイプ

周囲の子どもへの対応

　一緒に過ごす友だちを固定化させて、なじみの薄い人とはかかわりをもちたがらない子どもも少なくありません。班活動でたまたま一緒になった人ともふつうに打ち解けることができるようなスキルが、子ども全般に求められています。必要に応じてだれとでも話ができ、協力し合える関係づくりを学級全体で目指すためにも、班活動を増やしていくとよいでしょう。

効果的な対応法

1 行動

2 授業

3 生活面

4 対人関係

5 学習面

保護者との連携

その場で

さりげなく仲間に入れる

○○さんも入れてあげてくれる？

集団に声をかけ、孤立している子をさりげなくグループの話の輪に参加させるよう促します。

話し合いでは先生が進行役を担う

えーとぼくは…

○○さんはどう思いますか？

話し合いのなかで、その子が発言していないと気づいたときは、「○○さんはどう？」と声をかけ、少しの間は先生が進行役を務めます。

メンバーの顔ぶれに考慮する

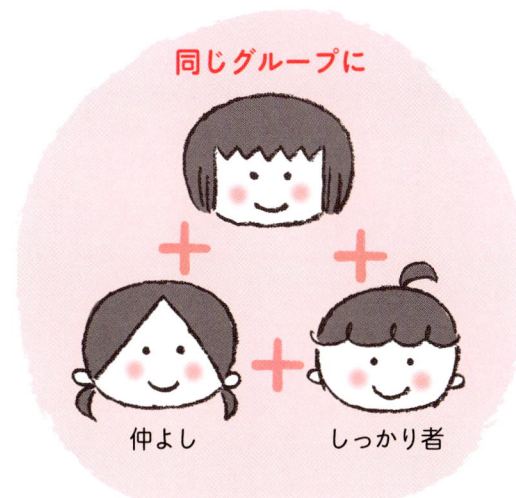

同じグループに

仲よし ＋ しっかり者

その子が親しくしている友だちや、全体への目配りができるしっかり者を、同じグループのメンバーに入れるようにしましょう。

グループ内で役割分担を決める

調理実習の分担

 野菜を切る

 肉を切る

 食器の準備をする

味つけをする

 盛りつける

洗いものと片づけは全員で

一部の子どもが主要な役割を独占してしまわないよう、最初に全員に役割が行き渡るように役割分担をしっかり決めておきます。

会話に割り込んでしまう

会話中の人のなかに急に割り込んで話しはじめたり、相手がしゃべり終わるのを待てずに話してしまったりする子がいます。人の話を聞けず身勝手だと思われがちです。

どんな背景があるの？

ＡＤＨＤ（注意欠如／多動性障害）に特有の衝動性があると、自己コントロールがききにくいため、思いついたことが口を突いて出てしまいます。話しかけるタイミングがわからずに、割り込んでしまうこともあります。

考えられる背景

- 思いついたことを言わずにがまんしておけない
- 衝動性のため考えなしに話してしまう
- 会話の基本マナーを知らない
- 相手がどう思うか考えて話せない
- 場の空気が読めない

など

がまんすると、落ち着かずイライラがつのる

↓

話したいことを思いついてすぐに話してしまう

周囲の子どもへの対応

　本人に悪意はないのですが、周囲の子どもたちは「自分ばかり話したがる身勝手な人」というふうに受けとります。割り込んでしまう子どもに会話のマナーを指導しつつ、一方で、周りの子どもにも「うっかりルールを忘れてしまったんだね」と話し、お互いの関係に溝ができないよう配慮します。

効果的な対応法

一声かけるように教える

> ねえ　一緒に話して もいい？

人の会話には、「ぼくも話に入れて」などと断ってから加わることを教えます。

話す前にひと呼吸おかせる

> 話して もいい？

話したいことを思いついたら　　話しはじめる

１・２・３　３つ数えて…

衝動的に話してしまう子には、話す前に３つ数えさせるよう指導します。ひと呼吸おくことで話すタイミングをコントロールできる場合もあります。

ロールプレーで話し役と聞き役になる

ロールプレーで、話し役と聞き役の両方を経験させます。聞き役になったときは、黙って相手の話を聞く態度や質問する方法を学ばせます。基本的な会話のマナーを知らない場合は、ていねいに教えます。

会話のマナー
- 人の話を最後まで聞く
- 順番に話す
- 一人でたくさん話さない
- 話題をかえるときは「ちょっと話はかわるけど」と言う

　　　　　　　　　　　　　　　　など

話し役

> きのうの晩ご飯はなにを食べましたか？

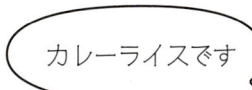

> カレーライスです

> きのうは何時に寝ましたか？

聞き役

> きのうはテレビを見たあと10時に寝ました

1 行動

2 授業

3 生活面

4 対人関係

5 学習面

保護者との連携

自分から人に かかわれない

自分からだれかに声をかけたり、集団に参加したりすることが苦手な子がいます。自発的に行動できないことで、活躍の機会を逸してしまうことにもなります。

どんな背景があるの？

自閉症の傾向があり人とかかわろうとしない場合や、自信がなく、何事にも自発的・意欲的に取り組めないタイプの子がいます。まず、人に認められる経験をさせ、自信をつけさせることが必要です。

考えられる背景

- 自信がなく、人と対等にかかわれない
- ほかの人に興味がない
- 失敗に対する不安が大きい
- 依存心が強く、自分で決められない
- 過去に人から拒絶された経験がある

　　　　　　　　　　　　　　　　など

自信がないと…

積極的になれなかったり意欲がわかず、人にかかわることをためらってしまう

↓

自信をもたせることで、積極性や意欲をもてるようになることも

アドバイス

　集団に入りたいのに入れないでいるのか、入りたいと思っていないのか、まずは子どもの状況を的確に見極めることが大切です。人への関心が低いケースでは、無理にかかわりを強いることは避けます。かかわりたいけれども踏み切れないでいる子どもには、さりげなく支援することを心がけ、少しずつ積極性を育めるよう導きます。

効果的な対応法

その場で

活躍の機会を与える

○○さん
配り係お願いします

はい

先生の手伝いをお願いしたり、用事を頼んだりして活躍の場を与え、周りの子どもから認めてもらえるような機会を増やします。

その場で

先生がかかわりの橋渡しをする

○○さん上手だから
手伝ってもらったら？

うまく
描けな〜い

声のかけ方などをアドバイスしたり、先生が声かけを工夫して、かかわりがもてるよう橋渡し役を担います。

がんばったことを自覚させる

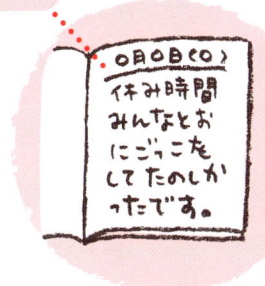

振り返りノート

○月○日（○）
休み時間
みんなとお
にごっこを
してたのしか
ったです。

はい

みんなと
あそべて
よかったね

「振り返りノート」を用意し、きょうがんばったこと、人とかかわって楽しかったことなどを書かせます。先生が内容を読み、子どもに積極性や意欲がみられたときは、がんばりを認めてほめましょう。

1 行動

2 授業

3 生活面

4 対人関係

5 学習面

保護者との連携

ルール違反に
厳しすぎる

ほかの子どもがささいなルール違反をすると、許せなくて厳しくせめ立てる子どもがいます。学年が上がるほど、融通(ゆうずう)がきかないことが人間関係を難しくする原因となることもあります。

あー！ 花にも命があるのにひどいなー

どんな背景があるの？

自閉症の傾向のある子どもは、融通がきかない場合があり、柔軟な考え方ができません。規則やルールを自らきちんと守りますが、他の人にも厳格さを要求してしまいがちです。

考えられる背景

● 規則に例外があることを理解できない

● ささいなことでもルール違反は許されないと考えている

● もののたとえであっても、うそをついてはいけないと思っている

　　　　　　　　　　　など

自閉症によるこだわり

＝

ルール違反は許されない

みんなもルールを厳守するべき

↓

**ルール違反に厳しすぎて
人と衝突してしまうことも…**

周囲の子どもへの対応

　子どもは年齢があがるにつれ融通がきくようになっていきますが、自閉症の傾向があるといつまでも融通がきかないため、周りの子どもたちと同じ価値観でつきあうことが難しくなっていきます。人への意見のしかたや注意のルールを学級全体で決め、子どもどうしが注意し合う状況を避けるようにするなど、融通がききにくい子が孤立しないような働きかけが必要です。

1 行動

2 授業

3 生活面

4 対人関係

5 学習面

保護者との連携

効果的な対応法

その場で

注意するのは先生のみとする

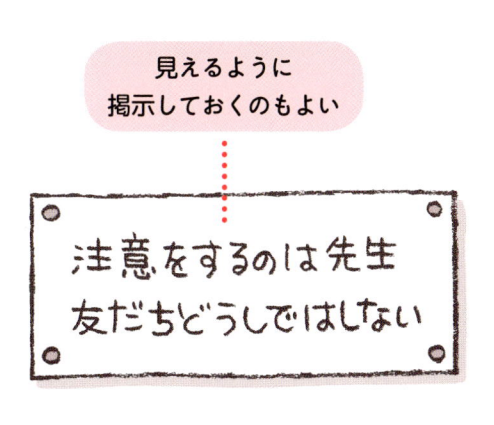

見えるように
掲示しておくのもよい

注意をするのは先生
友だちどうしではしない

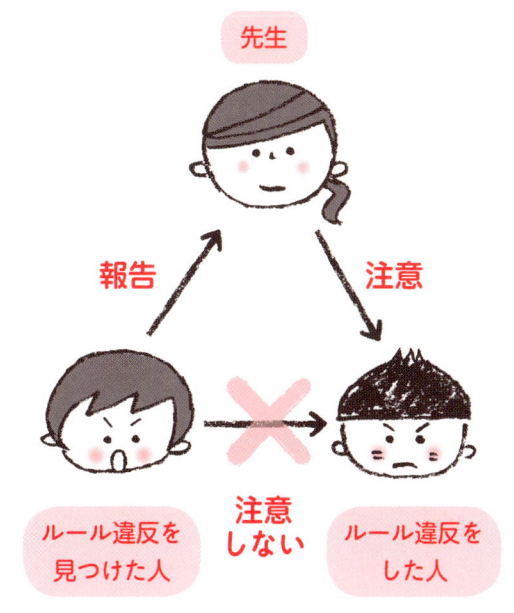

先生

報告　　　注意

ルール違反を
見つけた人

注意
しない

ルール違反を
した人

子どもどうしで注意すると、気まずい雰囲気になったり、トラブルになる場合もあるため、ルール違反をした人を注意できるのは先生だけということにします。

違反の許容範囲を教える

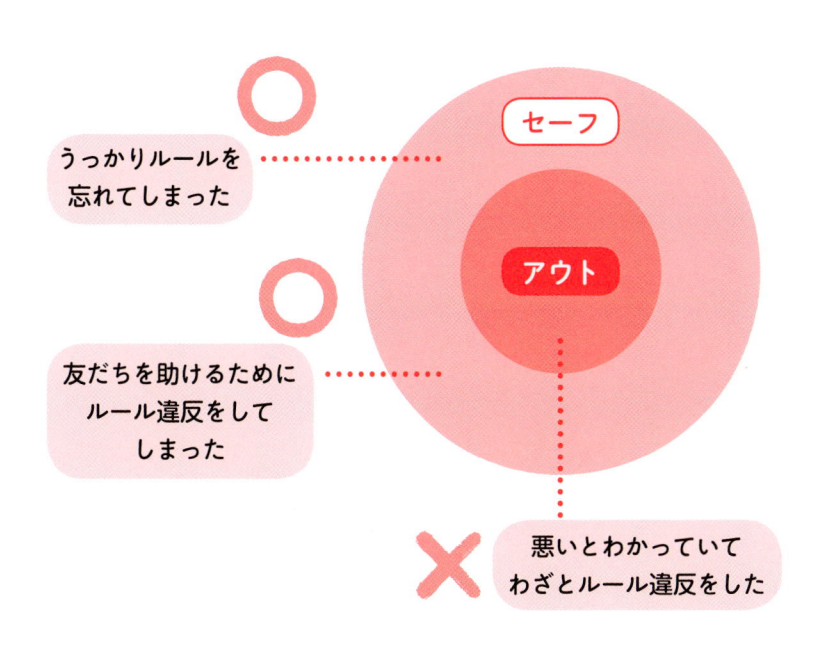

セーフ

うっかりルールを
忘れてしまった

アウト

友だちを助けるために
ルール違反をして
しまった

悪いとわかっていて
わざとルール違反をした

たとえば、「間違えてしまった場合はセーフだけど、わざとのときはアウト」というように、ルール違反が許されるケースもあることを理解させます。ロールプレーなどで実際に先生がその場面を見せるなどして、理解を促すようにするとよいでしょう。似たような状況をくり返し見たり経験するうちに、「しかたなくルール違反をしてしまうケース」という状況があることを受け入れやすくなっていきます。

攻撃的な態度を
とってしまう

人とかかわるときに、強い口調で憎まれ口を
言ったり、攻撃的な態度をとったりして、おだ
やかに接することができない子は、周りの子ど
もから敬遠されがちです。

**どんな背景が
あるの？**

ＡＤＨＤの衝動性が背景にあり、突発的に乱暴
をしてしまう子もいます。また、愛着形成（養
育者との心理的な結びつき）の問題や、人への
不満・不信感などの満たされない気持ちから攻
撃的になってしまうケースもあります。

考えられる背景

● 衝動性からとっさに乱暴をしてしまう

● 周囲への不信感が強い

● 愛着形成の問題があり
　満たされていない

● 相手がどう思うか想像できずに、
　不快にさせることを言ってしまう
　　　　　　　　　　　　　　　など

叱られてばかりだと
フラストレーションがたまり、
情緒不安定になることも

周囲の子どもへの対応

　先生が指導しなくても、子どもどうしがお互いに声をかけ合い、トラブルを防いだり、問
題を解決したりできることが理想だといえますが、子どもどうしだとおだやかに注意できず、
激しく非難したり、大勢で徹底的にせめたりする場合があります。いじめに発展するケース
もあるため、注意は先生にしてもらうというルールを学級全体に徹底させます。

効果的な対応法

1 行動
2 授業
3 生活面
4 対人関係
5 学習面
保護者との連携

子どもどうしで注意させない

その場で

注意は先生がしますよ

学校にトランプ持ってきたらいけないんだ！

子どもどうしの注意がエスカレートし、トラブルが起こるケースもあるため、子どもを注意するのは先生と決めます。

ことばづかいを見直す

使ってはいけないことばはなにかな？

よいことば

わるいことば

「あっち行け」って言われたらやだ

使ってよいことば、使うべきではないことばを学級全体で確認し合い、人を傷つけることばは使わないように指導します。

人の気持ちを聞く機会を増やす

転んだとき「大丈夫？」って言われたのがうれしかったです

同じです

どんなふうにされると人は傷つくか、あるいはうれしくなるかを子どもたちに考えさせる機会をつくります。

友だちの長所を発表させる

○○さんのいいところは、だれとでも仲良くできるところです

へぇ～

友だちの長所を見つけて発表する機会をつくりましょう。人をほめる喜び、自分がほめられるうれしさを実感させ、自信をもたせます。

人との約束が守れない

人との約束をきちんと守れない子どもがいます。約束の内容によっては、ほかの子どもに迷惑をかけてしまうこともあり、周囲からの信用を失うきっかけにもなります。

どうして来なかったの！

どんな背景があるの？

短期記憶の弱さから、約束を覚えておくことが困難なケースがあります。記憶力を向上させることは難しいため、忘れないようにするための対策を講じることが有効です。

短期記憶の弱さ
↓
生まれつきの特性で故意ではない
↓
いろいろな方法で弱点をカバーする

考えられる背景

- 記憶を保ちにくく、忘れてしまう
- 忘れやすいことへの自覚が足りない
- 思い出すための対策を講じていない
- 約束が守れないことで生じる不利益がわかっていない

など

- 紙や付せんに書いて貼る
- アラームやタイマーを使う
- 人に知らせてもらう

など

周囲の子どもへの対応

　約束をわざと破っているわけではなく、忘れてしまうのだということを周囲の子どもに理解してもらう必要があります。忘れやすい特性があるので、本人が約束を思い出せるよう「みんなも協力してあげて」と呼びかけましょう。周りの仲間がサポートしてくれるようになると、本人も過ごしやすくなるはずです。

効果的な対応法

1 行動

2 授業

3 生活面

4 対人関係

5 学習面

保護者との連携

その場で ## 約束したことは メモに残させる

忘れてしまいやすい子どももいるため、約束したことはメモや付せんに書いて渡したり、自分で書くよう指導します。

その場で ## ほかの子どもから 確認してもらう

約束したことを忘れていないか、ほかの子どもに「○○のこと覚えているよね」と確認してもらいます。

保護者から 念押ししてもらう

本人一人で覚えられないときは、家族にも念押ししてもらうようお願いしておきます。

守れないときの 対応を教える

いろいろな事情があり、約束が守れなくなってしまったときは事前に相手に連絡して断るなどの対応を教え、すぐに行わせます。

意思表示が うまくできない

集団のなかでは緊張してしまい、意思表示がうまくできない子どもがいます。意思表示ができないと、希望が言えなかったり、意見を人に伝えられなかったりします。

どんな背景があるの？

ことばが出てこなかったり、自分の感情を把握できない、感情を表す適切なことばを知らないといった子どももいます。また、考えをまとめるのに時間がかかっているという場合もあります。

考えられる背景

- 人前で緊張しやすく、声が出せない
- 考えをまとめて、ことばにするのに時間がかかる
- 自分の感情を的確に把握できない
- 感情を表す適切なことばがわからない など

えーと えーと

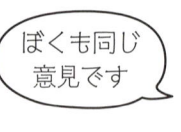

ぼくも同じ意見です

立つと緊張してしまう場合は…

座ったままこたえてもよいことにする など配慮する

アドバイス

　いやなことをされたときに「やめて」と言ったり、嫌いなものを「嫌い」と意思表示したりすることは、人とコミュニケーションをとるうえで必要です。こうした意思表示ができないことで、誤解されたり、不利益を被ったりするおそれがあるため、声に出せないとしても、なんらかの意思表示の方法を身につけさせる必要があります。

効果的な対応法

1 行動

2 授業

3 生活面

4 対人関係

5 学習面

保護者との連携

その場で 気持ちカードを活用する

いまの気持ちはどれ？

気持ちカード

ことばで伝えるのが困難なケースでは、気持ちを顔の表情で示した絵カード（気持ちカード）などを用いて、感情表現ができるようにします。

その場で 声に出すことにこだわらない

ありません

反対意見はありますか？

身ぶりなどで表現してもよいことにする

声に出して発言することに抵抗がある子どもの場合は、サインや身ぶりで意思を伝える方法を指導し、当面はそれでよいことにします。

その場で 決まった言い方を使わせる

はつげんのしかた
・もういちどいってください
・○○さんとおなじです
・かんがえ中です
・あとでこたえます

自分の考えをゼロからことばにするのは難しいので、決まった言い方をいくつか提示し、なにを言うか迷ったらそこから使うよう促します。

感情を表すことばを教える

うれしい　イライラ　かなしい

しんぱい　ざんねん

なんて言ったらいいんだろう…

自分の感情にぴったりのことばがわからない子もいます。場面ごとに感情を表すことばを教えて、使えるよう指導します。

自信がもてない

先生や親に注意されることが多かったり、ほかの人と比べて劣等感をもったりすると、自信がもてなくなります。自信がないと好奇心や意欲も失われ、集団にも溶け込みにくくなります。

どんな背景があるの？

叱責されてきた経験、他人から認められてこなかった経験が積み重なっていることが最大の原因と考えられます。強い劣等感や無力感にとらわれて、容易に自信を取り戻せないケースもあります。

考えられる背景

- 過去に否定されてきた経験がある
- ほめられた経験が少ない
- 得意なことがないと思っている
- 他人からどう思われるかが気になる
- いろいろな価値観があることを受け入れにくい

など

周囲の子どもへの対応

　自信のない子ども、自尊感情の低い子どもが増えています。また、自ら特技を披露したりすると、「自信過剰」と陰口を言われたりしてしまう傾向もあります。学級全体で互いの特技をほめ合ったり、長所を認め合ったりする機会を増やし、子どもたちが素直な気持ちで自分や他人のよいところを受け入れられる雰囲気をつくりましょう。

効果的な対応法

叱るよりほめる

何度言ったら
わかるんだ！

きのうより
がんばったな

叱る < **プロセスを
ほめる**

注意するときは感情的に叱ったりせず、落ち着いた口調で静かに指摘するようにします。そのうえで、少しでも改善のようすがみられればほめるよう努め、自信をつけさせます。

自分や他人の
長所を見つける活動をする

自己ＰＲ大会

だれとでも
なかよく
なれる

ピアノをひく
のが とくい

自己肯定感を養うために、帰りの会などで自分の長所を発表したり、他人の長所をほめたりする活動を取り入れましょう。

ふだんから否定的な
伝え方をしないようにする

否定的な言い方は、叱られているように感じるので、自尊感情を傷つけやすく、信頼関係を結ぶうえでもマイナスです。

ドリルが終わるまで
お絵描き
してはダメ

子どもに指示を出すときなどは、「○○してはダメ」という否定的な言い方ではなく、「○○したら△△できるよ」などと、肯定的に伝えるよう心がけます。

ドリルが終わったら、
お絵描き
してもいいですよ

このあと
お絵描きして
もいいんだ！

1 行動
2 授業
3 生活面
4 対人関係
5 学習面
保護者との連携

相手のいやがることを言う

相手のいやがること、怒らせることを言ってしまう子どもがいます。怒った相手から嫌われたり、意地悪な人というレッテルを貼られてしまったりすることもあります。

どんな背景があるの？

自閉症の傾向があると、人の表情や気持ちを読むことが苦手な場合があります。そのため、悪気はないのですが、思ったままを正直に言ってしまい、相手を不快にさせてしまうことがあります。

考えられる背景

- 人の表情や気持ちを読むことができない
- 思ったことは正直に言ってもよいと思っている
- 状況の理解や判断が苦手である
- 人の立場を自分に置きかえて考えるのが難しい

など

アドバイス

　自閉症の人は、見たままをそのまま言ってしまうことがあり、太っている人に「太っている」と言うことが、相手を傷つけるとは想像もしません。なぜ傷つくのかということは本当の意味では理解できない可能性があります。しかし、そこは追及せず、こういうことばは使わないルールだというふうに納得させるようにします。

効果的な対応法

その場で 言ってはいけないことばを教える

人の見た目のことは言わないほうがいいよ

はい

体形や外見のことは言わないほうがよいと教えます。応用がきかない子もいるので、言ってはいけないことばを一語一語そのつど教えるようにします。

その場で 具体的な言動を教える

血がたくさん出ると死ぬこともあるんだよ

えー死んじゃう〜！

例：「泣いてるお友だちには、大丈夫？って声をかけてあげようね」など

場にそぐわない言動があるときは、状況によってどのように行動するかを具体的に教えます。

表情と気持ちを表すことばを一緒に教える

○○さん怒らせちゃったのかな…

線で簡潔に描いた顔

うれしい　しょんぼり

悲しい　怒っている

写真

うれしい　しょんぼり

悲しい　怒っている

相手の表情から、どんなふうに感じているかを読みとれない子には、表情と気持ちを表すことばを一緒に教えます。表情から相手が不快なのか、うれしいのか判断できるようになると、自分の言ったことばが相手にどうとらえられたかも理解しやすくなります。

1 行動

2 授業

3 生活面

4 対人関係

5 学習面

保護者との連携

場の空気が読めない

自分がどうふるまえばよいかを状況から適切に判断できない子どもがいます。低学年のうちは気になりませんが、中学年くらいになると周囲からも非難されやすくなります。

みんなふざけすぎですよ！

きょうの先生の髪型おもしろくない？

どんな背景があるの？

衝動性がある子の場合、思いついたままの行動をして、周囲から非難されることがあります。また、あいまいなルールなどがわからないために、状況判断を誤ってしまう子もいます。

考えられる背景

- 周りの人の表情から気持ちを読みとれない
- 社会性が乏しく、的確に状況を判断できない
- 暗黙の了解がわからない

など

だってみんなの鉄棒だよ！

ねぇ…1年生にゆずったほうがいいよ

……

アドバイス

　どの子どもも幼いうちは空気が読めないため、低学年のうちはあまり問題になりませんが、中学年になり、周りの子どもたちが社会性を身につけるようになると、一人だけ浮いてしまいがちです。周りの人の反応や表情をヒントに、「こういう状況になったらこうしよう」というように、場面に応じて具体的な対応方法を覚えさせるようにします。

1 行動

2 授業

3 生活面

4 対人関係

5 学習面

保護者との連携

効果的な対応法

その場で

状況をことばで解説する

大丈夫？

転んで痛かったからよ

なぜ泣いてるの？

状況理解の弱さが空気の読めない行動につながりやすいため、先生が、いま相手がどう感じているのかなどを解説して理解させます。

失敗した状況を一緒に振り返る

あーこわしちゃった

「こわしちゃった」って言ったのがいけなかったのかもね

実際に失敗した状況について振り返り、どの場面がいけなかったのかを一緒に考えます。

ひと呼吸おく方法を教える

ずっと背が伸びないね

思ったことを言う前に3つ数えてみよう

数を教える

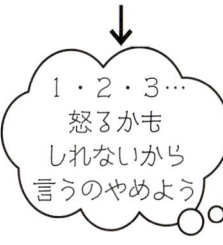

1・2・3…怒るかもしれないから言うのやめよう

状況を理解していても、衝動的に行動してしまう子には、行動を起こす前にひと呼吸おかせることを学ばせます。数を数える、深呼吸をするなど、自分に合う方法をさがし、実践できるよう支援します。

興味のある話しかしない

興味の対象にかたよりがあり、人と話をするときも、その話題しかしない子どもがいます。同じ話ばかり聞かされて困惑する友だちを見ても、自分の問題に気づきません。

どんな背景があるの？

こだわりが強く、興味の対象が限定される子どもの場合、話の内容もそこにかたよりがちです。また、自己コントロールが苦手なため、話したいことをがまんして別の話題に加わることも困難です。

特定のものへのこだわりが強い

↓

話す内容もこだわったものにしぼられ周りの人から敬遠されるが…

↓

本人は気がつかない

考えられる背景

- 特定のものへのこだわりが強い
- 聞いている人の反応を的確にとらえられない
- 人と話を合わせることができない
- 自己コントロールがきかず、話題をかえることができない

など

アドバイス

　こだわりの強い子どもに、無理強いではない形で、興味の幅を広げさせるような働きかけをすることも大切でしょう。本で読んで知ったことや、経験したこと、親しい友だちとの共通点などをきっかけに、少しでも興味がわき、知識を増やすことができれば、人と話すときの話題も広げることができるようになる場合もあります。

効果的な対応法

その場で 同じ話題で話せる時間を区切る

電車の話は5分間だけだよ

はい

同じ話題で長時間話してしまう子には、「その話は5分以内で」などと時間を区切ったうえで、あとで続きを聞いてあげるようにします。

その場で 聞き手の表情に注目させる

みんな、別の話もしたいみたいだよ

聞いている人たちの表情に注目させるようにし、「みんな困っているよ」というふうに、状況の理解を促すようにします。

得意分野で活躍できるチャンスを与える

知識が豊富だったり、得意分野を生かして、その子が活躍できるようなチャンスを与えましょう。全員に自分の好きなテーマについて新聞をつくらせて掲示します。ほかの子どもから関心を集めることができるだけでなく、ほかの子の新聞を見て、自分の興味を広げるきっかけにもなります。

きょうりゅう新聞

★ほしの新聞★

わたしも星好きなんだ！教えてもらおう！

わー！すごいな！

お礼やお詫びができない

「ありがとう」や「ごめんなさい」が、必要な場面でスムーズに出てこない子どもがいます。基本のマナーであり、子どものときから身につけておくことが求められます。

どんな背景があるの？

社会性が十分育まれていない子どもの場合は、お礼やお詫びをする必然性を理解していない場合があります。一方、言わなければならないとわかっていても、緊張のために声に出せない子どももいます。

考えられる背景

- 人前で声を発することに過度な緊張を覚える
- お礼やお詫びをしなければならないことが理解できない
- どういう場面やタイミングで言えばよいのかわからない

など

お礼やお詫びの意図がわからない場合

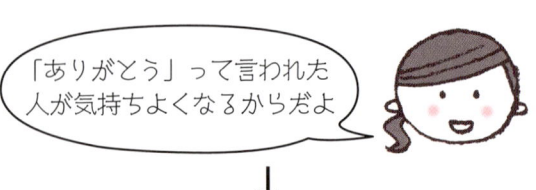

↓

メリットを理解させる必要がある

アドバイス

　対人関係における最も基本的なマナーが、「ありがとう」と「ごめんなさい」をタイミングよく言えるスキルです。学級全体に向けて、「ありがとう」と「ごめんなさい」を積極的に使うよう奨励するのもよいでしょう。言われたときに自分がどう感じるかを実際に経験させることで、ことばのもつ大切さを実感することができるようになります。

効果的な対応法

1 行動

2 授業

3 生活面

4 対人関係

5 学習面

保護者との連携

その場で うまく言えたときは ほめる

先生ありがとう
ございました

上手に
言えたね！

「ありがとう」や「ごめんなさい」がうまく伝えられたときはほめましょう。成功体験がモチベーションになります。

その場で ほかの子どもを 手本にさせる

うん

貸してくれて
ありがとう

はい

ありがとうは
こういうときに
言うのよ

ほかの子どもがお礼を言っている場面を見せて手本にさせるとともに、具体的な例として理解させます。

どの状況で言うべきかを 教える

こういうとき
に言います

「ありがとう」
しんせつにしてもらった
ものをかしてもらった
わからないことを教えてもらった

「ごめんなさい」
ぶつかっちゃった
やくそくが守れなかった

「ありがとう」や「ごめんなさい」をどういう場面で言えばよいのか理解していない子には、言うべき状況を教えます。

気持ちが伝われば よしとする

もういいよ

……

ぺこり

ことばで言えなくても、感謝やお詫びの気持ちを、頭を下げるなどの動作でできれば、それでもよいことにします。

ボディータッチが多い

親愛の情を示すために、過度に身体接触をしたがる子どもがいます。なかには、スキンシップをいやがる子もいるため、避けられてしまうケースもあります。

ねえねえ

べタべタ

どんな背景があるの？

人との距離感がつかめずに、近づきすぎてしまう子どもがいます。過度な身体接触をすることが、相手にとって不快であることに気づいていない場合もあるため、ていねいな指導が必要です。

考えられる背景

- 人との適切な距離がわからない
- スキンシップ以外の感情表現ができない
- 身体接触を相手がいやがっていることに気づいていない
- スキンシップが苦手な人もいることを知らない

など

好き→近づく
嫌い→離れる

離れてても好きな気持ちは伝わるんだよ

↓

スキンシップ以外の表現もあることを教える必要がある

アドバイス

　低年齢のうちは、ある程度のスキンシップは許容されますが、年齢があがるにつれ、違和感をもたれることもあります。「べたべたしてきて気持ち悪い」といった見方をされることも多く、周りから敬遠されかねません。異性への身体接触にはいっそうの配慮が求められ、同性よりももっと控えるべきであることを教える必要があります。

効果的な対応法

その場で いやがっている子には近づかせない

○○さん！先生のお手伝いをお願い

あそぼー！

接触をいやがっている子どもに近づこうとしたときは、介入して接触させないよう配慮します。

片腕分の長さよりも近づかないルールにする

これ以上は近づかない

よほど親しい相手でなければ、片腕を伸ばして届く距離よりも近づかないことを指導します。学級の基本ルールとして全員に認識させます。

許容できる接触を教える

○ OK　NG ✕

握手　頭をさわる

ハイタッチ　抱きつく

握手やハイタッチはOK、頭をさわったり抱きついたりするのはNGというように、具体的な行為を示して大丈夫かどうかを教えます。

別の親愛の表し方を教える

うん

これからも仲良くしてね

スキンシップ以外の親しみの表し方を教えましょう。気持ちをことばで伝えることができれば、相手も受け入れやすくなります。

からかわれて
しまう

発達障害のある子の場合、からかわれているという自覚がなく、あそび仲間に入れてもらっているつもりでいることもあります。いじめに発展する可能性もあり、注意が必要です。

こう？

どんな背景があるの？

衝動性の強い子をからかったときの反応がおもしろいといった理由で、わざとからかう子たちがいます。また、発達障害のある子は素直で純粋なため、からかいの対象になりやすいといえます。

考えられる背景

● 素直で人を疑わないため、だまされやすい

● あそび仲間の一員のつもりになっていてからかわれているという自覚がない

● 衝動的な反応をおもしろがられる

● 不器用な動作を笑われやすい

など

バカじゃないの？

なんだよー！

あいつ
すぐ怒るから
おもしろいよな

アドバイス

「からかわれたり、いじめられたりしたら抵抗すればよい」という考え方は改めましょう。からかわれる側に非はなく、からかう側に問題があるのです。ですから、「からかわれるようなことしたんじゃないの？」とか「言い返せばよかったのに」などといったことばは禁句です。子どもに「自分にも悪いところがあったのではないか」と考えさせるべきではありません。

効果的な対応法

1 行動

2 授業

3 生活面

4 対人関係

5 学習面

保護者との連携

その場で からかうことを
すぐにやめさせる

いけません！

子どもがからかっている場面を見つけたら、すぐにやめさせます。集団でからかわれているときは、その子を集団から引き離します。

その場で サインを出して
助けを求めさせる

ヘルプカード

どうしたの？

からかわれたりして困ったとき、声をあげられない子もいます。先生との間で合図を決めておき、サインを出して助けを求めさせます。

ほかの子どもから
情報を得る

オレ
悪くないもん

○○くんが
先にたたいて
いました

からかいやいじめがあるのではないかと感じたときは、当事者以外の子どもにインタビューをして、状況の把握に努めましょう。

おだやかな
雰囲気づくりを

和気
あいあい

学級の雰囲気がよいと
いじめも起こりにくい

学級全体がおだやかになるような雰囲気をつくります。友だちのよいところを見つけてほめ合う活動などを取り入れるとよいでしょう。

異年齢の子どもと
かかわれない

年上や年下の子どもと一緒にあそんだり、会話をしたりすることができない子どもがいます。委員会活動や学童クラブなどで人間関係をうまく築くことができません。

苦手…

どんな背景があるの？

最近はきょうだいが少ない子が多く、近所の子とあそぶ機会もあまりないため、異年齢とのかかわりが乏しい子どもが増えています。そのため、年上や年下とどう接したらよいかわからず、とまどう場合もあります。

考えられる背景

- きょうだいが少なく、異年齢の子どもを知らない
- 近所の子どもとあそぶ機会がなく、異年齢の子への接し方を知らない
- 大人が子どもの人間関係に介入しすぎて、自発的に人間関係を築く力を失っている　　　　　　　など

きょうだい　少

近所の友だち　少

アドバイス

　社会での人づきあいは異年齢との関係がほとんどのため、幼いころからいろいろな年齢の子とかかわる機会をつくることが望ましいといえます。子どもの場合、年齢差が体格差や能力差につながるため、努力しても太刀打ちできなかったり、力を加減しなければならなかったりと、さまざまな状況が生まれます。そうした経験は、相手への配慮や、社会性を学ぶことにつながります。

効果的な対応法

異年齢との接し方を助言する

上級生には尊敬と信頼、下級生にはいたわりや励ましの思いをもって接するとよいことをアドバイスします。

異年齢での活動を増やす

行事や運動会の競技種目などに、異年齢で参加するものを取り入れ、異年齢集団で活動する機会を増やしましょう。

休み時間のあそびを活用する

休み時間に一緒にあそばせてもよいでしょう。校庭であそんでいる学年の異なる集団どうしを引き合わせます。その場合は、先生が介入し、学年の垣根を越えて開放的にあそべるような雰囲気を演出します。

1 行動
2 授業
3 生活面
4 対人関係
5 学習面
保護者との連携

同年齢の子どもと
かかわれない

異年齢とはうまく関係をつくれるのに、同年齢の子とのかかわりにつまずく子どもがいます。教室では目立たないのに、学童クラブなどに行くと生き生きと活動したりします。

1年生　6年生

早く学童に行きたいな…

どんな背景があるの？

発達障害のある子のなかに、異年齢とはうまく交流できるのに、同年齢との関係につまずいてしまうケースがみられます。とくに、下級生のほうが安心でき、対等な関係には緊張を覚えるようです。

考えられる背景

● 上下関係が明確なほうが安心できる

● そもそも人づきあいが苦手

● 友だちが必要だと感じていない

● 大人から友だちづくりを
　強要されている

など

役割が決まっているほうが安心できる

年上

年下

年上の人はたよりにできる

年下の人は自分をたよってくれる

アドバイス

　「友だちの数は多いほうがよい」「子どもは集団あそびをしたほうがよい」といった固定観念に縛られている大人が少なくありません。しかし、学校生活で必要な最低限のコミュニケーションがとれていれば、無理に友だちをつくったり、集団であそんだりする必要はありません。子ども自身がどうしたいのかをよく聞き、その気持ちを尊重することが大切です。

効果的な対応法

上下関係を基準とさせない

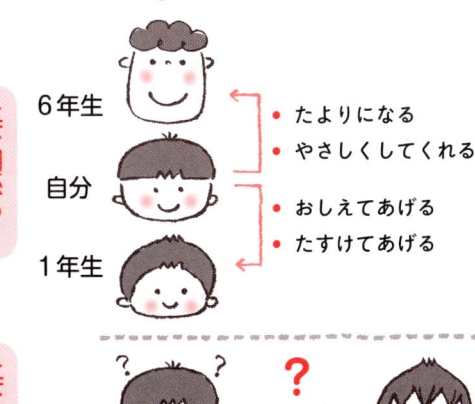

上下関係あり
- 6年生
- 自分
- 1年生

- たよりになる
- やさしくしてくれる
- おしえてあげる
- たすけてあげる

上下関係なし
- 自分
- 同級生
- ?

人づきあいを上下関係でとらえる子には、あいさつやあそびを通して、クラスの友だちとしての自然なつきあい方や対等な関係性を教えます。

気の合う子と過ごさせる

○　○○くんならOK

×

数は少なくても、気の合う子と一定の時間を過ごせればよいと考えます。

ペアやグループの活動を増やす

となりの人と話し合ってごらん

授業中、ほかの子どもとペアやグループを組んでコミュニケーションをとり合う活動を増やし、同年齢に対する抵抗感を減らします。

友だちづくりを強要しない

かして　いいよ

○

×　みんなとあそびなさい！

人づきあいが苦手な子どもに、無理に友だちをつくらせようとすべきではありません。必要最低限のやりとりができればよしとします。

1 行動
2 授業
3 生活面
4 対人関係
5 学習面
保護者との連携

先生自身の「アンガーマネジメント」

怒りを冷静に受け止める

「アンガーマネジメント」とは、怒りを自分でコントロールすることです。子どものなかにキレやすい子がいるように、先生のなかにもカッとなりやすい人がいます。また、ふだんはおだやかに過ごしていても、仕事に追われて多忙になると、だれでも怒りっぽくなるものです。

先生は子どもを指導する立場にありますが、自身も人間であり、怒りの感情が抑えられなくなったりすることもあるのだ、という自覚をもつことが大切です。そして、怒りの感情を冷静に受け止めてうまく発散させる方法を身につける必要があります。わき起こった怒りを感情のまま子どもにぶつけてしまえば、子どもは混乱して不安になり、指導もうまくいかなくなるでしょう。

怒りを覚えたときに、感情を爆発させて子どもの心を傷つけることがないよう、自分なりの対処法を見つけ、それを実践できるようにしておく必要があります。

ポジティブ思考を心がける

怒りを感じたときには、感情に任せて行動に移さないようにしなければなりません。ただし、怒りの感情を抑え込むのではなく、うまくかわすのがコツです。最も簡単な方法は「間をおく」ことです。行動を起こす前に、深呼吸をしたり、心の中で数を数えたりして、時間を稼ぎます。時間をおくことで、怒りのピークが過ぎ、感情を爆発させずにすませることができます。

自分の怒りを振り返る機会をもつことも重要です。自分でも不用意に怒りをぶつけてしまったなと思ったときは、あとからその状況を振り返り、自分の怒りの傾向（どんな場面、どんな状況で怒りやすいか）を把握するようにします。そして、似たような状況が再び起こらないように、あらかじめ回避する行動をとり、怒りの"予防"に努めましょう。

さらに、日ごろから、「この子はいつもわたしを困らせる」「なぜわたしばかり大変なんだろう」というように、ネガティブ思考に陥っていないか、チェックしてみることも大切です。自分にばかり大きな負担がかかり、そのことを周りが認めてくれないという不満が怒りの感情を起こしやすくしている可能性があるからです。「この子も困っているんだ」「みんなも大変なんだ」と考え方をポジティブに切りかえることで、不満や焦りを軽減させ、怒りに結びつけにくくすることができます。

学習面の
課題

文字に関心がない

文字の読み書きに関心のない子どもや、文字を書きたがらない子どもがいます。文字への関心が低いと、教科の学習やさまざまな生活場面でつまずきます。

どんな背景があるの？

LD（学習障害）に特有の読み書きの障害がある可能性が考えられます。また、ものや名前などを文字で表せるということや、音と文字の関係を理解していない場合もあります。

考えられる背景

- 思うように書いたり読んだりできず、苦手意識がある
- ことばを文字で表せることを理解していない
- 読むことに時間がかかるため、読むことを避けようとする

など

LD

読み・書きの障害

文字の形や読み方を正しく認識できなかったり、単語のまとまりが理解できないなどのつまずきがある

アドバイス

　文字に関心がない子どもに、無理に本を読ませようとしたり、文字を書く練習をさせようとしたりしても、なかなかうまくいきません。勉強というよりも、ゲーム感覚、あそび感覚で文字に親しませるほうが得策です。ただし、文字に関するゲームでは負けてしまうことが少なくないので、一定の配慮をして本人が成功体験を得られるように工夫しましょう。

効果的な対応法

教室にある名前をさがす

文字への関心を高めるために、文字で書かれた名前と実際のものを結びつける活動がおすすめです。子どもたちはリストに載っている名前のものを見つけたら、リストに○をつけていきます。教室にあるものに、あらかじめ名前を書いた紙を貼っておき、ヒントにしてもよいでしょう。

あっ
見つけた！

つくえ	いす	まなび	ほうき	ほん	じかんわり

見つけたら
丸をつける

文字と絵を結びつける練習をする

絵が描かれたカードと、その名前が書かれたカードをセットとし、照合させるゲームをすると、文字と音の関係が理解しやすくなります。

文字カード

絵カード

うーん…

め

1 行動

2 授業

3 生活面

4 対人関係

5 学習面

保護者との連携

文章をスムーズに読めない

読むことが苦手で、音読などでつまずく子どもがいます。上手に読めないために、ほかの子から笑われたりして本人もつらい思いをすることになります。

どんな背景があるの？

読みにつまずきがあり、ことばや文字を認識することに時間がかかる子どもは、文章をスムーズに読めません。読んだ内容を理解していないため同じ行を何度も読んだり、行を飛ばしたりすることもあります。

考えられる背景

- ことばや文字の認識に時間がかかる
- 文章からことばや文節のまとまりを把握できない
- 文字を音に変換できない

など

スムーズに読めない

目のピントが合いにくい、目で文字を追いにくいなどの問題があるケースもある

アドバイス

　音読でつまずくのは、本人の練習不足や不真面目さが原因ではありません。苦手意識があることも踏まえ、本人がいやになってしまわないようにすることがポイントです。授業のなかでは、読む部分を短くしたり、比較的読みやすい箇所を読ませたりすることで、本人に「うまく読めた！」と自信をつけさせることも重要です。

1 行動

2 授業

3 生活面

4 対人関係

5 学習面

保護者との連携

効果的な対応法

その場で

補助教具を使う

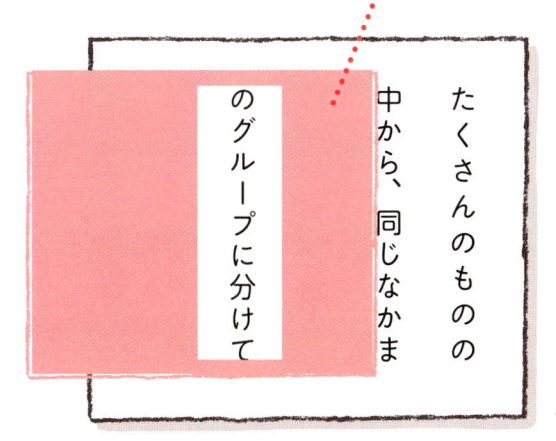

補助教具を当てる

のグループに分けて

中から、同じなかま

たくさんのものの

行を間違えやすい子には、音読を補助する教具や、定規を当てて読んでいる行をわかりやすくします。

間違えやすい箇所を目立たせる

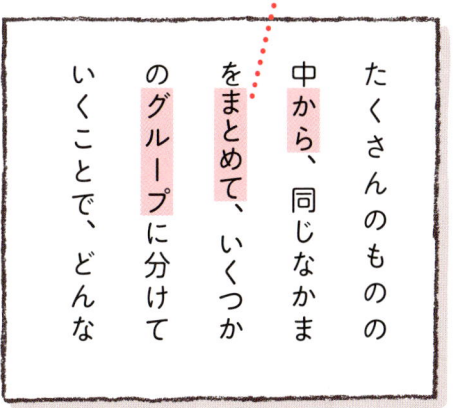

間違えやすい箇所に色をつける

いくことで、どんな

のグループに分けて

をまとめて、いくつか

中から、同じなかま

たくさんのものの

文末や読み間違えやすい箇所にマーカーなどで色をつけて目立たせると、気をつけて読めるようになります。

線で区切る

文章の途中に線を引く

いくことで、｜どんな

の｜グループに｜分けて

を｜まとめて、｜いくつか

中から、｜同じ｜なかま

たくさんの｜ものの｜

単語や文節のまとまりをとらえられない子には、単語・文節ごとに線で区切ると読みやすくなります。

行間に線を引く

行と行の間に線を引く

いくことで、どんな

のグループに分けて

をまとめて、いくつか

中から、同じなかま

たくさんのものの

行の間に線を引くことで、1行が独立して見えるようになり、読みやすくなります。

文章の意味が理解できない

文字は読めるのに、読んだ部分の意味を確認すると、理解できていない子どもがいます。文字を読んでいても、内容を理解することが同時に行えない状態だといえます。

どんな背景があるの？

文章の意味を理解するためには、文字を読んで、その意味を瞬時にイメージする必要がありますが、それができずに、理解することにつまずく子どもがいます。

考えられる背景

- 発音と意味の理解が同時にできない
- 語彙が少なく、ことばの意味を知らない
- あいまいな表現が理解できない
- 読んだ文章を覚えていられない

など

声に出しているが、ことばや文章の意味を読みとれていない

アドバイス

　意味の理解でつまずいてしまうと、学習自体が進まなくなってしまいます。読むことだけで学習内容の解釈が難しい場合には、事前に情報を示すとよいでしょう。授業の最初に、学級全体に向けて絵や図、短いキーワードなどで内容を示したり、それについて、先生とやりとりをしたりして、授業の流れや内容が理解できるように工夫します。

効果的な対応法

1 行動

2 授業

3 生活面

4 対人関係

5 学習面

保護者との連携

その場で

別の情報で内容を理解させる

子ぎつねは手袋を買いに行きます

授業のはじめに、学習する内容のあらすじなどを、絵や写真を使って理解させておきます。

場面に合う絵を選ぶ練習をする

お話に合う絵を選んでごらん

短いストーリーをいくつか先生が読み、それぞれの場面に合う絵を選ばせます。内容を理解する練習になります。

絵に合う文章を選ぶ練習をする

4枚の絵をストーリーの順番に見せてから、それぞれの絵に合うと思う文章を選ばせます。絵から、内容を想像する練習になります。

絵カード

短いストーリーを場面ごとに分けた絵

文章カード

あ 女の子が泣き出しました。	**い** 女の子はうっかり紙をやぶってしまいました。
う 先生にわざとやぶったんじゃないよと説明されて、男の子は理由がわかりました。	**え** 男の子は、女の子が紙をやぶったことをせめました。

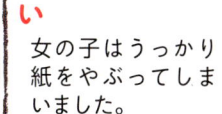

それぞれの絵についての説明

ひらがなが書けない

「ま」ってどこから書くんだろう？

ひらがなを読むことはできても、書くことがうまくできない子どもがいます。ひらがなを1画ずつとらえることができず、どう書くのか、どこから書くのかがわからないこともあります。

どんな背景があるの？

文字を、線画のようにつながったものとしてとらえてしまっているケースもあります。そのような場合は、どのような「画」の組み合わせでその文字が成り立っているのかを、正確に理解していない場合が多いといえます。

考えられる背景

- 文字の形や画の位置関係を正しく把握したり、記憶することができない
- 似た形のひらがなを混同してしまう
- 不器用さがあり、うまく書けない

など

たとえば、「ま」は

ということがわからないため、似た形の線画を書こうとしてしまうことも

↓

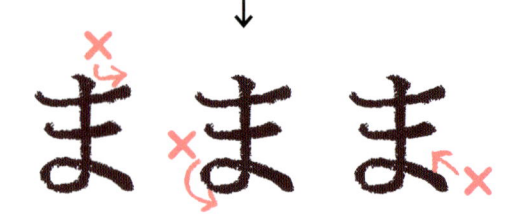

アドバイス

　ＬＤのある子どものなかには、文字の形を見て正確にとらえられなかったり、見本をまねて書くことができなかったりする子どもがいます。文字を練習する際は、書き順ごとに違う色をつけて順序を示すなど、視覚的にも確認しやすい方法を工夫して書くサポートをします。

効果的な対応法

1画ごとに分けて見せる

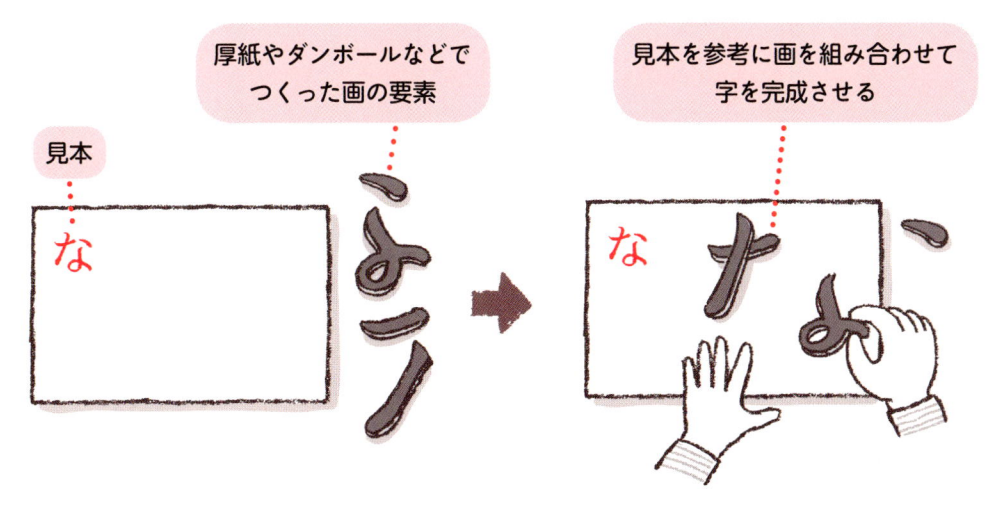

厚紙やダンボールなどで
つくった画の要素

見本を参考に画を組み合わせて
字を完成させる

見本

文字がどういう画の要素で構成されているのかを示します。その組み合わせによって、ひらがなが成り立つことを理解させましょう。画の組み合わせが定着したら、書き順を覚える学習に発展させることもできます。

部分を見せて
全体を書かせる

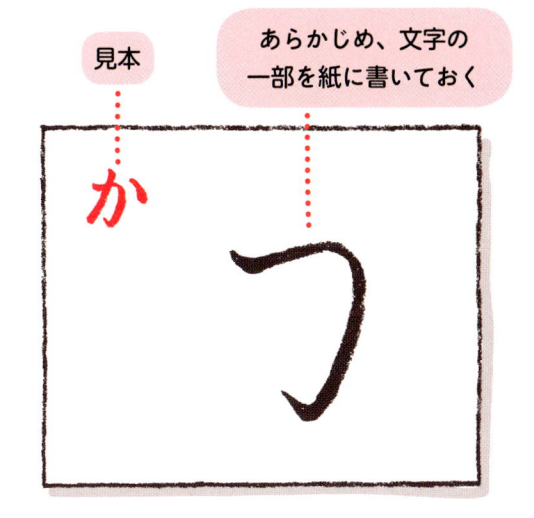

見本

あらかじめ、文字の
一部を紙に書いておく

ひらがなの1画目を書いた紙を見せ、残りの部分を書かせてひらがなを完成させて、文字の形を意識させます。

なぞり書きで
練習させる

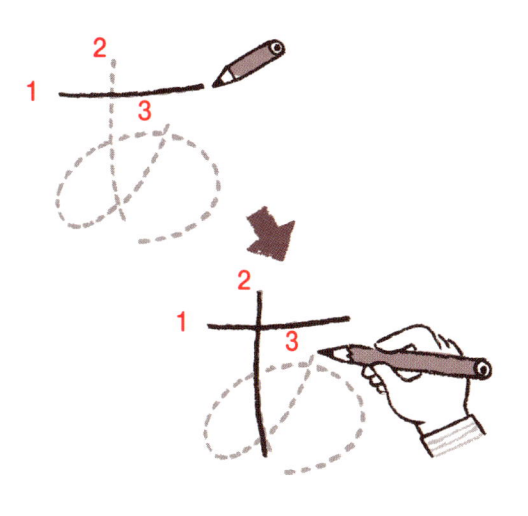

文字の構成を理解できたら、マーカーの色分けや数字などで筆順を示し、なぞり書きをさせて書き方を定着させます。

1 行動

2 授業

3 生活面

4 対人関係

5 学習面

保護者との連携

漢字の読みが覚えられない

漢字の読みをなかなか覚えられない子どもがいます。ある熟語は読めても、同じ漢字を使った別の熟語は読めなかったり、形の似た別の漢字と混同してしまうケースもあります。

どんな背景があるの？

漢字の読みを覚えられない子は、漢字の形や意味を正確に理解していない、ほかの漢字と混同してしまっている、語彙が少ないなどといった原因が考えられます。

考えられる背景

● 教えられてもすぐに忘れてしまう

● 漢字の形や意味を理解していない

● 正しい読み方を確認しないまま、適当に読んでいる

など

どの熟語も同じ漢字が使われているということがわからないケースもある

アドバイス

　漢字を覚えるのが苦手な子どもには、まず画数があまり多くなく、日常生活でよく使われる漢字から覚えさせます。発達障害のある子のなかには、短期記憶に弱さをもつ子もいるため、一度にたくさん覚えさせるのではなく、少しずつ定着させながら覚えていけるようにすることが大切です。負担が重くなると、本人も苦痛に感じるようになり逆効果です。

効果的な対応法

同じ漢字を使った熟語を読む

同じ漢字を使った熟語を並べて、漢字のもつ意味と読みを併記し、同時に覚えさせます。

絵から文字をイメージさせる

絵と、その絵を表す漢字を書いたカードを作成して、漢字の形、読み、意味を一緒にイメージしやすくします。

漢字と読みのカルタあそびをする

熟語を漢字で書いたカード（取り札）と、その熟語を使った文章を書いたカード（読み札）をそれぞれつくり、カルタあそびをしながら読みを覚えていきます。

1 行動

2 授業

3 生活面

4 対人関係

5 学習面

保護者との連携

漢字を正しく書けない

漢字の細部を正しく書けない、形の似た別の字を書いてしまう、へんとつくりを入れかえて書いてしまう、同じ音の異なる字を書いてしまうなどのケースがあります。

どんな背景があるの？

注意力不足から、漢字の細部に気がつかない場合もあります。また、漢字がいくつかの画を組み合わせてできた形であるととらえられない場合は、全体の形をあいまいにしか覚えられません。

考えられる背景

- 漢字の形を正しく把握したり、記憶することができない
- 似た形の漢字と混同してしまう
- 画の位置を正しく配置できない
　　　　　　　　　　　　　　　など

え！「冷」っていう字点が３つじゃなかったんだ！

アドバイス

　書き順を苦手とする子どもも少なくありません。絵描き歌のように、書き順を歌にして、それを唱えながら書かせると書き順もスムーズに覚えられるようになることがあります。漢字に苦手意識をもっている子には、このように歌をとり入れたり、パズルやゲーム感覚の活動を行ったりして、本人が楽しみながら少しずつ理解できるように指導しましょう。

効果的な対応法

漢字を分解して理解させる

立って木を見ているのは"親"と覚えます

漢字を分解してとらえさせ、形を理解させます。同じ画の要素を使う別の漢字があることも学ばせます。

同音異義の熟語を学ばせる

> かんしん が高い。
> （感心・関心）
>
> じんこう 衛星が打ちあがる。
> （人口・人工）

文脈を参考に、同音異義の熟語を書く練習をします。文章を読んでも文字を思い出せない子には、選択肢を用意して、そこから選ばせてもよいでしょう。

漢字の間違いさがしをさせる

形を間違う場合

間違った漢字を見せて、どこが間違っているかを考えさせる

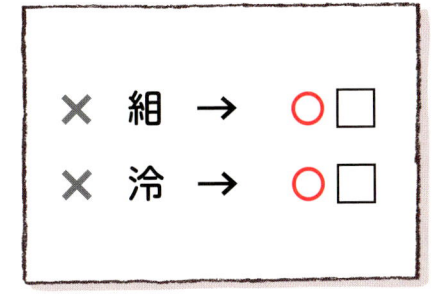

× 組 → ○ □
× 冷 → ○ □

使い方を間違う場合

間違った漢字を使った熟語を見せて、使い方の間違いを考えさせる

× 門題 → ○ □
× 写心 → ○ □

漢字の形を間違いやすい子どもには、わざと線が1本足りない、点がひとつ多いといった細かな間違いのある漢字を見せて、間違いに気づかせます。また、熟語に用いる漢字を間違いやすい子どもには、わざと漢字の使い方が誤っている熟語を見せて、間違いに気づかせます。

1 行動
2 授業
3 生活面
4 対人関係
5 学習面
保護者との連携

文字をていねいに書けない

書いた文字がノートの罫線やマス目から大きくはみ出してしまったり、逆に小さすぎてしまったりと、バランスよく書くことができない子どもがいます。

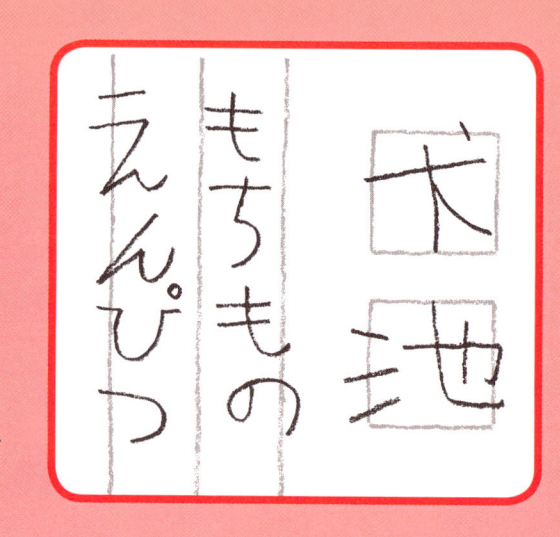

どんな背景があるの？

不器用で、指先をコントロールできず、筆圧や線の長さなどをうまく調節できないケースがあります。また、まねて書くことが苦手で、見た通りに文字の形をバランスよく再現できない子もいます。

考えられる背景

- 筆圧が弱すぎたり強すぎたりする
- ノートやプリントのマス目が小さすぎたり、罫線が細すぎる
- 時間がないために慌てて書いてしまう
- 文字のバランスがうまくつかめない

　　　　　　　　　　　　　　　など

ギクシャク

鉛筆を持つ手の力が強すぎても、弱すぎてもうまく書けない

アドバイス

　急いで書くと雑になりやすくなるため、ゆっくりていねいに書くことを指導することも重要です。不器用さがあると、努力してもきれいな字がなかなか書けませんが、本人ががんばって少しでもていねいに書けるようになったら、おおいにほめて自信をつけさせるようにしましょう。

効果的な対応法

その場で

ノートは1段飛ばしで書かせる

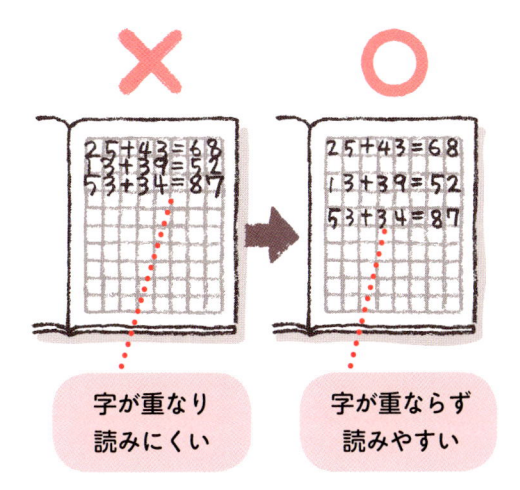

× 字が重なり読みにくい

○ 字が重ならず読みやすい

罫線やマス目におさまる字が書けない子には、ノートの罫線やマス目を1段分飛ばして書かせます。

補助線つきのマス目を使用する

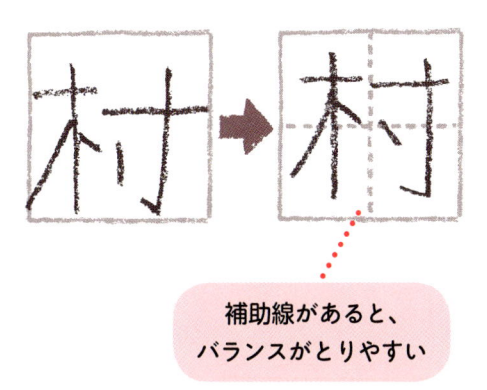

補助線があると、バランスがとりやすい

補助線の入ったマス目のノートや練習用プリントを使用させ、文字のバランスをとりやすくします。

大きめのマス目で書かせる

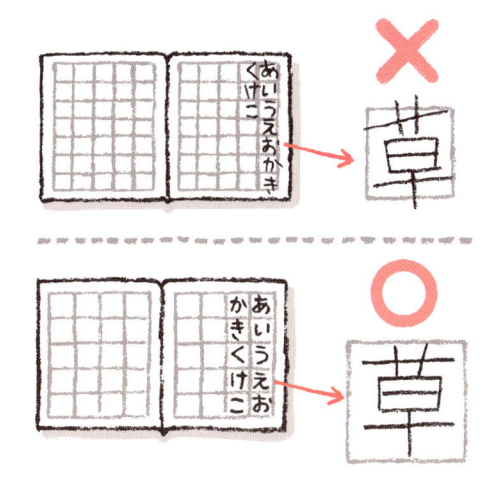

はみ出るような大きな字を書いてしまう子には、はじめから、書き込むスペースが大きいノートやプリントを使って書かせるようにします。

文字に始点と終点をつける

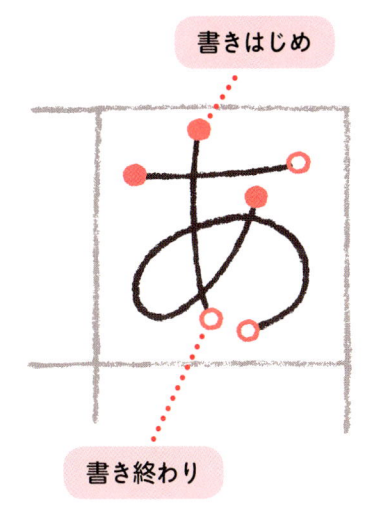

書きはじめ

書き終わり

1画の書きはじめと書き終わりの点を打っておき、そこをつないで書くことで、バランスのとれた字が書けるようガイドを示します。

1 行動

2 授業

3 生活面

4 対人関係

5 学習面

保護者との連携

なぞり書きができない

手先が不器用で、ガイドとなる線の上をなぞって書くことが難しい子どもがいます。漢字練習などの宿題に手こずったり、図工の授業などでつまずいたりします。

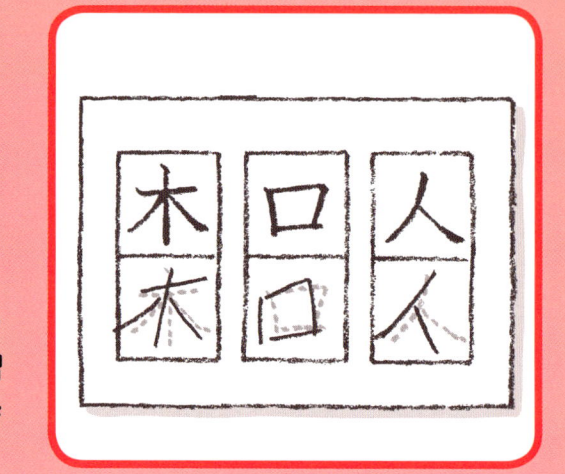

どんな背景があるの？

目と手の協応運動（2つの動作を連結して行うこと）につまずきがあると、見定めたところに鉛筆が動いていきません。また、指先をうまくコントロールできず、ガイドになっている線からはみ出してしまうこともあります。

考えられる背景

- 目と手の協応運動につまずきがある
- 力の加減が調節できない
- 集中してていねいに書くことができない
- 視機能の問題があり、ガイドの線やマス目がきちんと見えていない

など

力の加減が調節できないと…

＝

必要のないところに力が入ったり、力が入りすぎて指全体が固まってしまったりすることもある

↓

鉛筆がうまくコントロールできない

アドバイス

　手先が不器用な子どもは、なぞり書きやぬりえなどをきれいに仕上げることが難しく、時間もかかります。しかし、本人ががんばって取り組んでいるのであれば、その姿勢を評価し、少しでも上達がみられれば、ほめることが大切です。本人が強い劣等感を抱くことがないよう、努力しているところを見つけて認めてあげるようにしましょう。

効果的な対応法

1 行動

2 授業

3 生活面

4 対人関係

5 学習面

保護者との連携

 その場で

手を添えて一緒に書く

子どもの手に自分の手を添えて一緒に動かし、手の動きをガイドします。子どもは何度か手を動かしてもらっているうちに、コツがつかめるようになります。

点と点を結ぶ練習をする

点を結ぶ

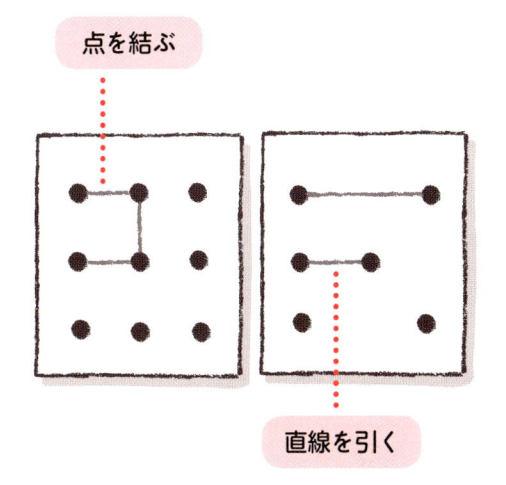

直線を引く

ひとつの点からもうひとつの点の位置を見定めながら、まっすぐな線を引く練習や、点を結んで線を引く練習をします。

迷路あそびをする

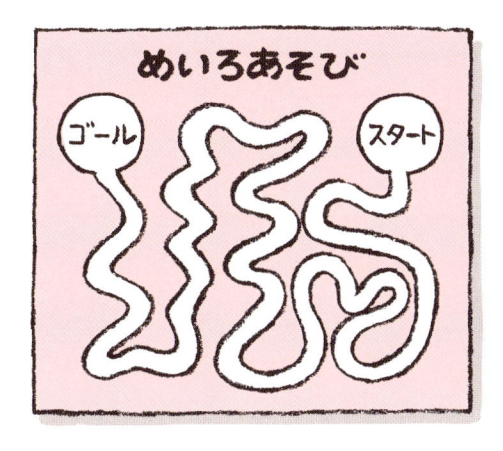

めいろあそび
ゴール スタート

一筆書きのように線を引いていく迷路は、なぞり書きの基礎練習になります。

なぞり書きをする

大きな紙にうずまきを描く練習をします。ひじを固定して手首をよく動かすように指導し、慣れてきたら、もっと複雑な線で練習します。

板書を写すのが苦手

先生が板書したことをノートに写しとるのが苦手な子どもがいます。書く速度が遅くて間に合わなかったり、板書をノート上で再構築できないなどといったことが起こります。

えーっ！
まだ写してない！

どんな背景があるの？

LDなどがあり、書くことが苦手な子どもにとっては、板書を写すことは相当な負担になります。また、短期記憶の弱さがあり、一度に覚えられる情報量が少ない場合は、書き写しが遅くなってしまいます。

考えられる背景

- 短期記憶が弱く、書かれている内容を覚えていられない
- 板書の字が読みにくかったり、わからなかったりして、判読に時間がかかる
- 黒板のどこを見ればよいのかわからない

など

板書してあることを一度にたくさん覚えられない

↓

一度に書き写す分量も限られ、時間がかかる

アドバイス

　板書の字は、大きく濃く書くのが基本です。チョークの色は、見えやすい白、黄色、赤を基調とし、見えづらい薄い色、暗い色は文字には使わないようにします。発達障害の有無にかかわらず、子どもが板書を写すことに負担がかかると、説明を聞けずに授業に参加できなくなるおそれがあります。適宜、板書計画（板書の内容と流れの計画）をプリントにしたものを使うなどの工夫が求められます。

効果的な対応法

1 行動
2 授業
3 生活面
4 対人関係
5 学習面
保護者との連携

その場で

色チョークで強調する

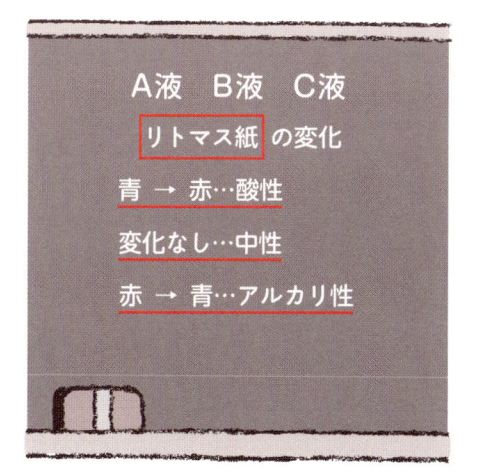

キーワードは赤いチョークで囲んで強調します。書くことが負担になる子には、写すのは赤いチョークの箇所だけでもよいことにします。

その場で

黒板は半分ずつ使用する

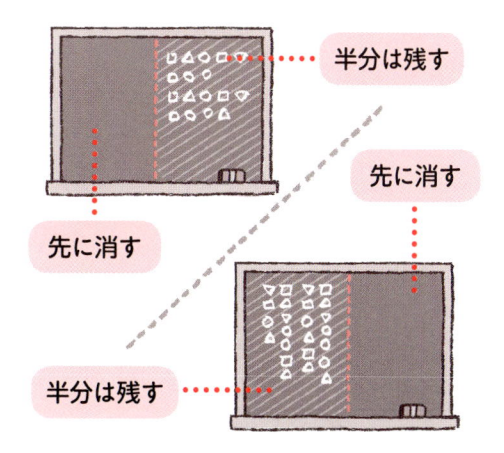

黒板の全面に文字を書いたときは、はじめに書いた半分だけ消して、後半部分は残しておくようにします。写すのが遅い子にも配慮しましょう。

その場で

プリントや板書計画を活用する

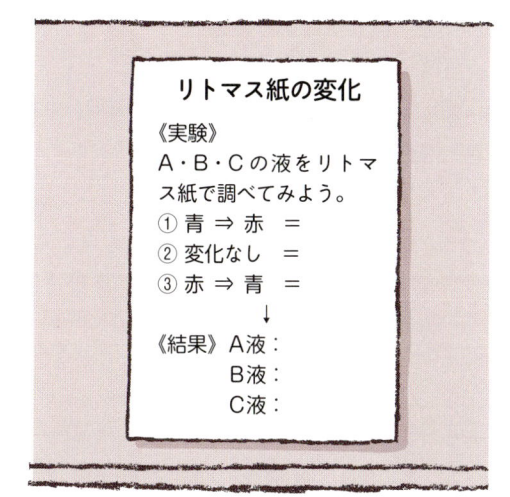

書く負担が減る工夫がされたプリントや、板書計画をプリントにしたものを活用します。書くのが遅い子どもだけでなく、ほかの子どもにとってもメリットがあります。

黒板周辺の掲示物を減らす

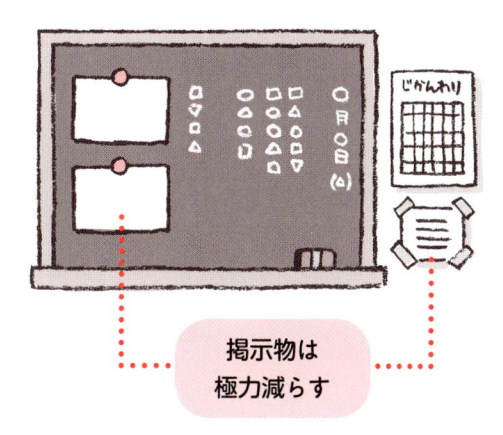

情報をスムーズにとり込めるように、余分な刺激はできるだけ減らしましょう。黒板の周りの掲示物を減らし、集中しやすくします。

聞き書きが
できない

聞きながら書くというような、2つの作業を同時に行うことがうまくできない子どもがいます。先生の話を簡潔にまとめたり、ポイントだけをノートに書きとどめたりすることができません。

ノートを書く

先生の話を聞く

一度にできないよ…

どんな背景があるの？

「聞く」というインプットと、「書く」というアウトプットを同時にできないことがあります。また、集中力のなさや短期記憶の弱さから、聞きとったことを書きとどめることがうまくできない場合もあります。

考えられる背景

- 聞くことと書くことが同時にできない
- 書くことに時間がかかる
- 短期記憶に弱さがある
- 聞く力が弱く理解ができない

など

いくつかのことを同時にできない

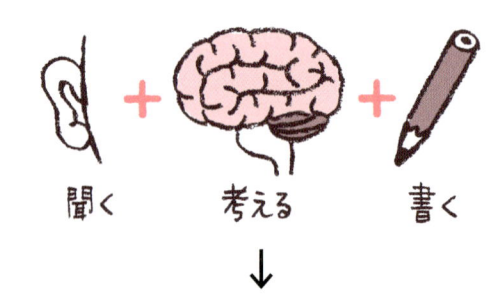

聞く ＋ 考える ＋ 書く

↓

どれかひとつに集中するとほかのことがおろそかになることも

アドバイス

　複数のことを同時進行で行うのが苦手な子どもに、最初から長い文章や複雑な内容の聞き書きにチャレンジさせるのは難しいため、単語や短い文章での練習からはじめるとよいでしょう。短期記憶の弱さから簡単なことも聞き逃してしまうこともありますが、そのことで叱ったり、せめたりしないように配慮します。

効果的な対応法

1 行動
2 授業
3 生活面
4 対人関係
5 学習面
保護者との連携

その場で

書くための時間を与える

5分間
ノートに書く
時間をとります

話の区切りがついたところで、子どもが書くことに専念できる時間を与えます。書きはじめのタイミングがわからない子には、「いまは書く時間だよ」と教えましょう。

聞きとりの練習をさせる

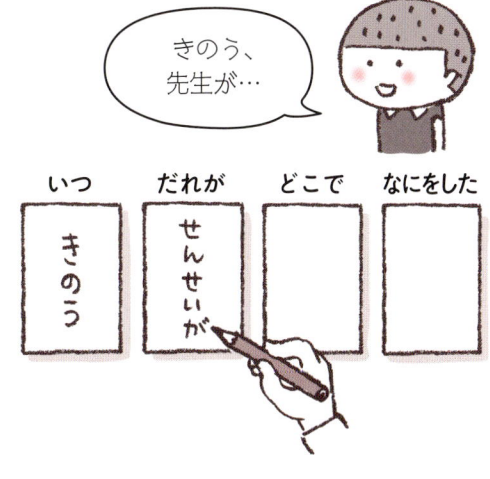

きのう、
先生が…

| いつ | だれが | どこで | なにをした |

きのう | せんせいが

二人1組になり、一人が「いつ」「だれが」「どこで」「なにをした」について話し、もう一人が聞きとり役になって、カードに書きます。

ポイントだけを書く練習をさせる

あした の持ちものは、
鉛筆とはさみ、のりです

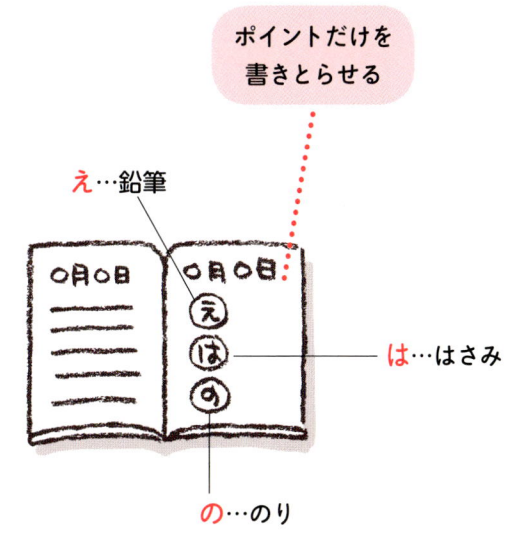

ポイントだけを
書きとらせる

え…鉛筆
は…はさみ
の…のり

聞いたことばを一字一句書き写すのではなく、はじめの文字や、ポイントだけを拾って書くことを教えます。つづきはあとで補うようにさせましょう。

作文が苦手

日記や作文を書く課題がこなせない子どもがいます。なにを書けばよいかわからない、どんなことばを使えばよいかわからないといった理由で、書き出しからつまずきます。

どんな背景があるの？

文章の構成が浮かばずに、なにを書けばよいのかわからないケースが多くあります。自閉症の傾向がある子どもは、文章の内容をイメージできないことがあります。また、ＬＤの傾向があると、文章のきまりごとが理解できずにつまずく場合があります。

考えられる背景

- 書きたいテーマを決められない
- 語彙（ごい）が少なく、思いを表現できない
- ことばは思いつくが、文章にできない
- 文章を時系列に組み立てられない
- 根気のいる作業に取りかかれない

など

イメージすることが苦手だと…

なにも思いつかないよ…

書きたいテーマや内容も浮かばない

アドバイス

　一から文章をつくっていく作業は、意外と"大仕事"です。なにを書いたらよいかわからない子のためには、先生がいろいろな質問を投げかけることが有効です。「そのときどう感じたの？」「困ったことはあった？」といった疑問にこたえていくうちに、内容のアイデアが浮かんで、作文を書く際のヒントになることもあります。

効果的な対応法

1 行動

2 授業

3 生活面

4 対人関係

5 学習面

保護者との連携

その場で

テーマを一緒に考える

夏休みどこに出かけたの？

お父さんと水族館に行きました

作文のテーマ決めなどにつまずく子どもには、「夏休みどこに出かけたの？」「だれと行ったの？」などの質問を投げかけて、題材になる事柄を一緒にさがします。

その場で

メモで文章を整理させる

子どもの話したことを書いたメモ

こっちのほうが前かな…

子どもと話し合い、出てきたことばを先生が書き出します。それらを一緒に時系列に組み立てて作文に仕上げていきます。

使えることばを増やす

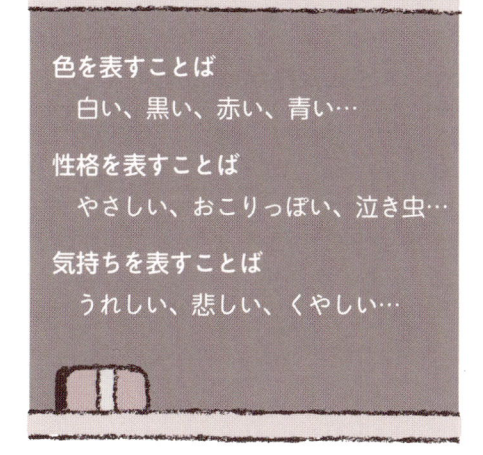

色を表すことば
白い、黒い、赤い、青い…

性格を表すことば
やさしい、おこりっぽい、泣き虫…

気持ちを表すことば
うれしい、悲しい、くやしい…

文章をつくる前段階として、語彙を増やす必要があります。調べ学習などを通して、ことば集めをさせることからはじめましょう。

自己紹介カードで考えて書く練習をする

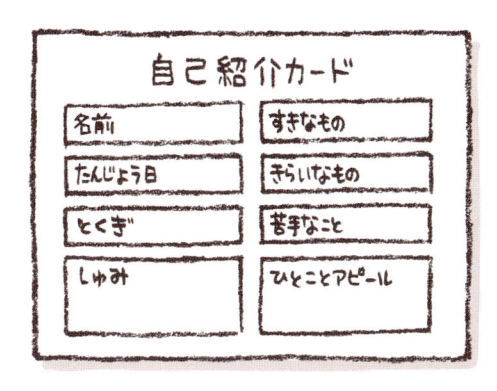

自己紹介カード

名前	すきなもの
たんじょう日	きらいなもの
とくぎ	苦手なこと
しゅみ	ひとことアピール

自分のことについて考え、カードに書かせます。好きな食べ物や趣味など、設問にこたえる形なので、文章よりも書きやすく、考えて書く練習にもなります。

数量の概念が
わからない

数量の概念を感覚的に理解できない子どもがいます。指を使わないと数えられないケースや、数の大きさを的確に比較できないケースなどがあります。

9－4は
えーと…

どんな背景が
あるの？

数量の把握や計算を苦手とする、ＬＤに特有の算数障害がある可能性が考えられます。子どもに合った指導方法で、ある程度理解を深めることはできますが、苦手意識は常に残り、理解の定着にも時間がかかります。

考えられる背景

- 数の大小の違いが理解できない
- 量の多少の違いが理解できない
- 数字の位が大きくなると理解が困難になる
- 視覚化された数や量は理解できるが、数字で表されたものが理解しにくい

など

LD

算数障害

数量の概念の理解や
簡単な暗算や筆算、
文章題を解くことな
どにつまずきがある

アドバイス

　算数が苦手な子どもに「わかるでしょう」と言うだけでは、理解できるようになるものではありません。ドリルを猛練習させて克服させるといった対応法は、算数ぎらいを助長するだけで逆効果です。人より理解に時間がかかっても根気よくつきあい、少しでも理解が進めばおおいにほめて、自信をつけさせましょう。わかったときの喜びを味わわせることが大切です。

1 行動

2 授業

3 生活面

4 対人関係

5 学習面

保護者との連携

効果的な対応法

数や量を視覚化する

数量の概念をつかみにくい子の場合、具体物を使ってとらえやすくします。積み木やブロックを使い、増やしたり、減らしたりして、自分で動かしながら理解を促します。

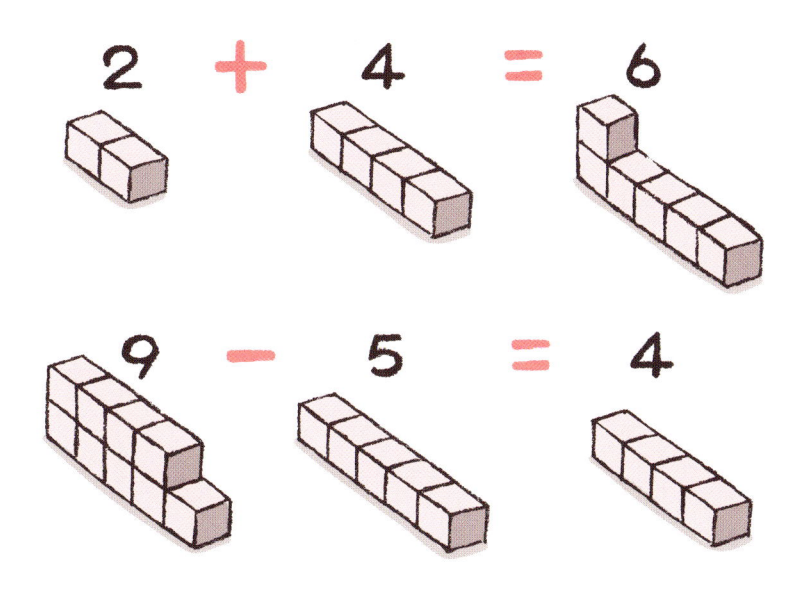

数量を瞬時に把握させる

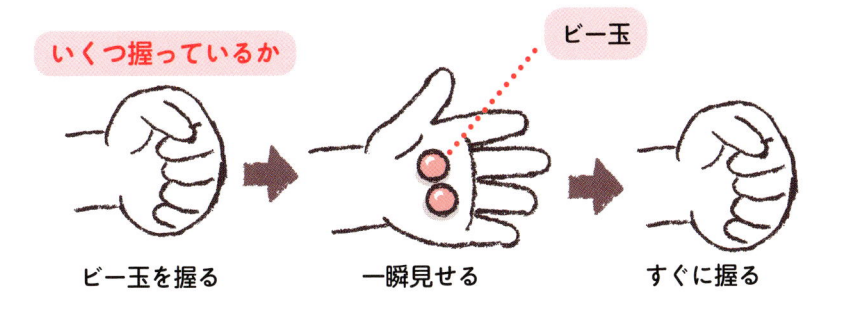

いくつ握っているか

ビー玉

ビー玉を握る → 一瞬見せる → すぐに握る

1〜5までの数は、一瞬で把握できることが重要です。ビー玉を握った手を一瞬広げて見せ、いくつあるか当てる練習をします。1〜5までを理解できるようになったら、机に広げた5個のうち、いくつかを隠してその数を当てる練習もしてみましょう。わかるようになってきたら、ビー玉の数を増やしていきます。

いくつコップに入っているか

紙コップに入っているビー玉はいくつかな？

ビー玉

数えるのが苦手

数量の概念の把握が苦手な子は、数を数えたり、定規の目盛りを読んだりするのも苦手なことが少なくありません。時間がかかるうえ、数え間違いもよく起こります。

ご、ろく…

イラ
イラ

どんな背景があるの？

数えている間に数を忘れてしまったり、集中して定規の目盛りを数えたりできないケースなどがあります。近くのものに目のピントが合わせられない子もいます。

考えられる背景

- 同じ箇所を何度も数えてしまう
- 数を途中で忘れてしまう
- 測るものに定規などを正しく当てられない
- 視線を一箇所に定めておけない
　　　　　　　　　　　　　　　など

いち、に、さん…
あれ？　どこまで
数えたっけ？

数を途中で忘れてしまう

アドバイス

　数えるのが苦手な子には、落ち着いてゆっくり数えるものを指で押さえながら数える練習をさせましょう。急かすと数え間違いが起こりやすくなります。経験を増やして、数えることに慣れさせることも大切です。家庭で料理の手伝いなどをして、数を数えたり、目盛りを読みとったりする機会を増やすなど、保護者にも協力を求めてみましょう。

効果的な対応法

1 行動
2 授業
3 生活面
4 対人関係
5 学習面
保護者との連携

その場で 定規の当て方を指導する

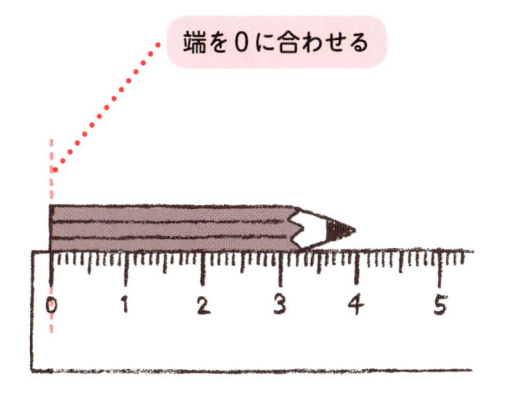

端を0に合わせる

定規でものの長さを測るときは、きちんと当てられないことで測り間違いが起こります。定規の当て方や端の合わせ方を教えます。

その場で 目盛りを追いながら読ませる

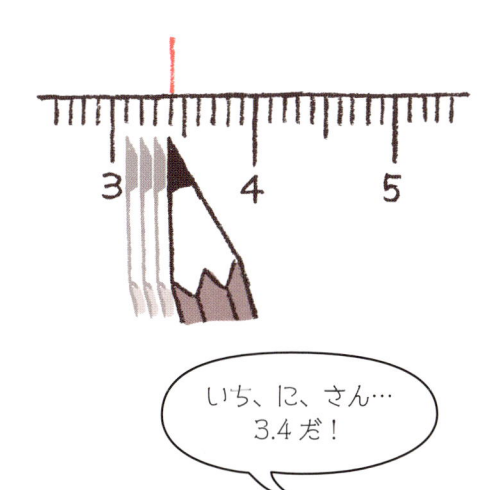

いち、に、さん…3.4だ！

定規の目盛りを読むときは、鉛筆の先端などを当てながら数えさせます。

その場で 何度も数えないための工夫をする

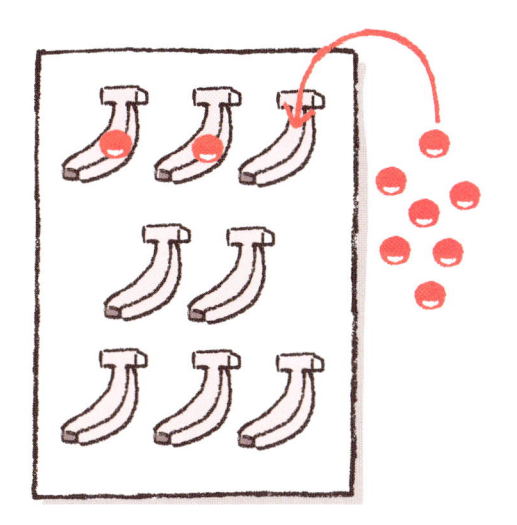

紙に描かれたものなどを数えるときは、数えたものの上に、おはじきやマグネットなどを置き、同じものを何度も数えないよう工夫します。

一点を見つめる練習をする

ものを数えるときに、視線が移ってしまいやすいケースでは、一点を集中して見るトレーニングが有効な場合があります。

計算が苦手

簡単な四則計算にひどく時間がかかったり、ゆっくり解いたのに計算間違いが多かったりする子がいます。数の概念がつかめていないと、計算にも時間がかかります。

$$2+4=5 \qquad 10-3=6$$
$$6-3=2 \qquad 8+7=14$$
$$7+2=9 \qquad 5+6=12$$

どんな背景があるの？

ＬＤのなかには、算数の苦手な算数障害があり、計算方法や公式などが覚えられないことがあります。また、くり上がりやくり下がりを忘れたり、小数点を打ち忘れたりしてしまうこともあります。

考えられる背景

● 不注意から計算ミスをしてしまう

● 急かされることでミスしやすくなる

● 位取りなどの基礎知識が定着していない

● 短期記憶の弱さから、
　くり上がりやくり下がりを忘れてしまう
　　　　　　　　　　　　　　　など

たくさん練習しようね

カリカリ

量をこなしても定着しない　✕

アドバイス

　一般的に、計算は量をこなせば速く正確に解けるようになりますが、ＬＤがある子に対する特訓は適切ではありません。段階を追った計算練習をていねいにくり返しこなすことで、計算方法を定着させることを優先するべきです。単元がかわってしばらくすると、前に覚えた計算方法を忘れてしまうので、ときどき公式をカードなどにして見せるなど、復習することも大切だといえます。

1 行動

2 授業

3 生活面

4 対人関係

5 学習面

保護者との連携

効果的な対応法

その場で

計算用のスペースを確保させる

計算スペースを広くとる

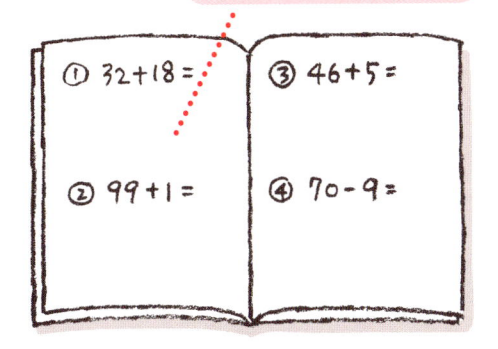

① 32 + 18 =

② 99 + 1 =

③ 46 + 5 =

④ 70 - 9 =

暗算ができないと、紙に書かなければわからないため、計算スペースを十分確保させます。

その場で

くり上がりがわかるプリントを使う

58 + 43 = 101

	1	1
	5	8
+	4	3
1	0	1

68 + 36 =

くり上がりを書く場所がわかる

くり上がりを忘れやすい子どもには、くり上がりの数字が書き込めるプリントを用意します。

その場で

位取り表を使う

十進法が理解できていない子のために、位が目で見てわかる、位取り表を活用しながら計算させてもよいでしょう。

あとから数字を書き込む

数が書かれたマグネット

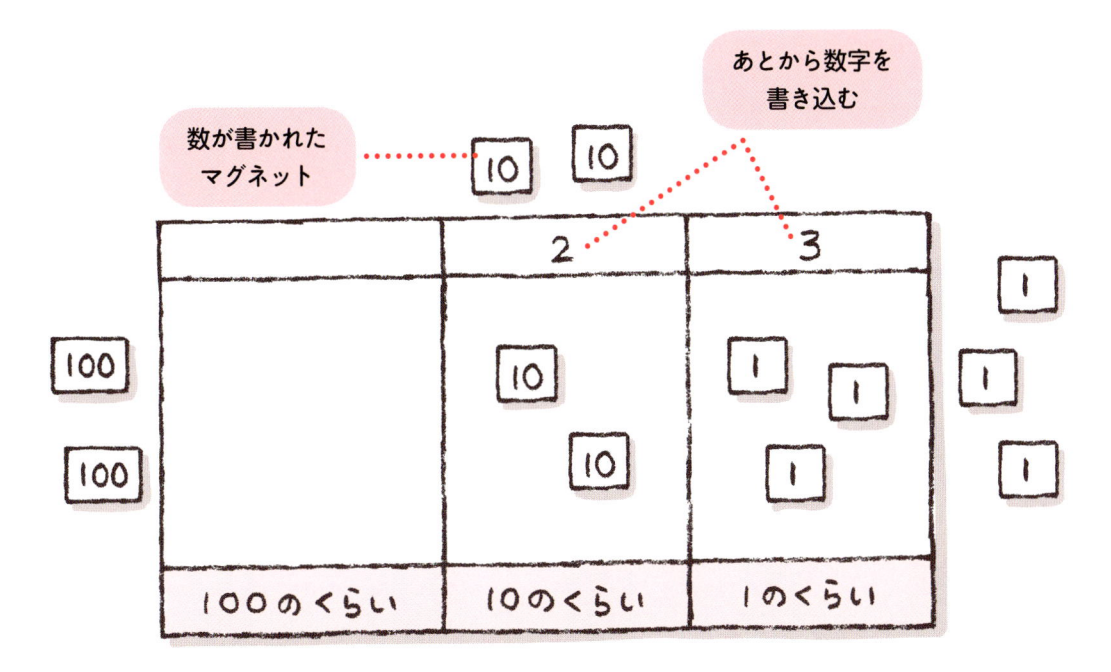

100のくらい	10のくらい	1のくらい
	2	3

文章題が解けない

計算問題はできても、文章題を読んで式を立てることが苦手な子どもがいます。問題文が理解できないため、なにをこたえればよいのか、問題の意図が把握できません。

鉛筆10本とけしゴム3個を買いました…

どんな背景があるの？

読みにつまずきがある子どもは、文章題でもつまずきやすくなります。問題文の理解に時間がかかってしまい、式を考えるまでの時間がなくなってしまうケースもあります。

考えられる背景

- こたえを出すまでの過程が覚えられない
- なにをこたえればよいのかわからない
- 解き終わるまで集中力がもたない
- 式の立て方がわからない

など

文章を読んで場面や状況を理解する力

↓

この力が弱いと…

国語の学習につまずく

算数の文章題でもつまずく

アドバイス

　文章題は問題文を読んで内容を理解し、なにをこたえればよいのかを考えて式を立てなければなりません。こたえを導き出すまでのプロセスが多く、時間もかかるため、はじめから敬遠してしまう子どもも少なくありません。根気よく解かせるためには、十分な時間を与えることや、わからないときに手順のヒントを与えることが有効なサポートになります。

効果的な対応法

1 行動

2 授業

3 生活面

4 対人関係

5 学習面

保護者との連携

その場で

問題文を読んで聞かせる

家から駅まで
15 分かかります

問題の内容自体を理解していないケースでは、問題文を先生が読んだり、一緒に読んで、内容を理解しやすくします。

その場で

問題文を図にして理解させる

9時 15 分に
出発すると…

9時15分
15分

わかっ た！

問題文の内容を図や絵に描いてみると理解しやすくなります。最初は先生が描いて解説しますが、次からは自分で図を描かせてみます。

その場で

問題文のキーワードに気づかせる

> クッキーが
> 50 まいあります。
> みんなで
> 30 まいたべました。
> のこりはぜんぶで
> なんまいですか。

「あわせて」「ちがいは」「のこりは」といったキーワードを、マーカーなどで目立たせて、質問の意図に気づかせます。

その場で

計算する手順のヒントを与える

> ### ヒント
>
> わかっているものは
> 先に計算します。
>
> えんぴつは1本 10 円です。
> 10 本買ったので
> 10 円 × 10 本＝

解いている途中でつまずいてしまう子には、計算する手順や、「＋、－、×、÷」などの記号のヒントを与えます。子どもの理解度が進んだら、ヒントは減らしていきましょう。

図形が把握できない

立体の辺と面の関係がとらえられず、平面に描かれた立体図から、実物の立体が想像できないケースがあります。底面などの見えない部分が想像しにくい子もいます。

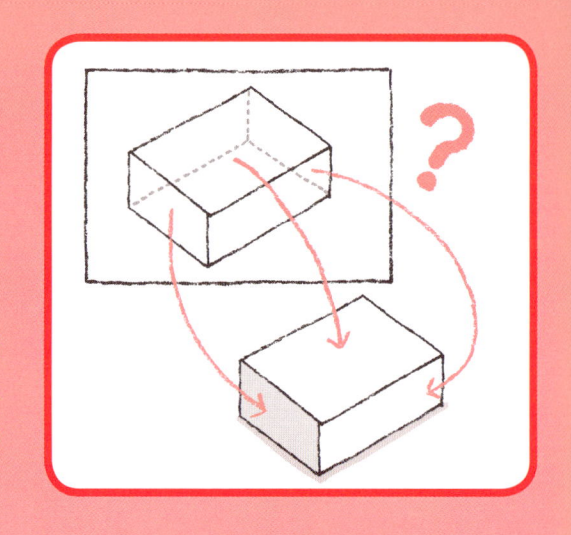

どんな背景があるの？

目で見てものの位置や向きを認識する能力の弱さが背景にあると考えられます。実物を見るだけでは理解できないので、さまざまな対応が必要になります。

考えられる背景

- 見えないものを頭の中で想像することが難しい

- 平面に描かれた展開図から立体を想像できない

- 面や辺の数や角度など、立体の関係が理解できない

など

いろいろな立体

どうなってるのかわからないよ…

アドバイス

アクリルの板などで立体をつくると中が透けて見え、平行や垂直の関係が理解しやすくなります。色つきのテープなどで組み立てると、辺も理解しやすくなります。また、最近はパソコンなどでも３Ｄ画像を確認できるので、本人がパソコン画面で理解ができるのであれば、まずはそういったツールを活用させてもよいでしょう。

効果的な対応法

隠れ線や頂点のついたマス目で練習する

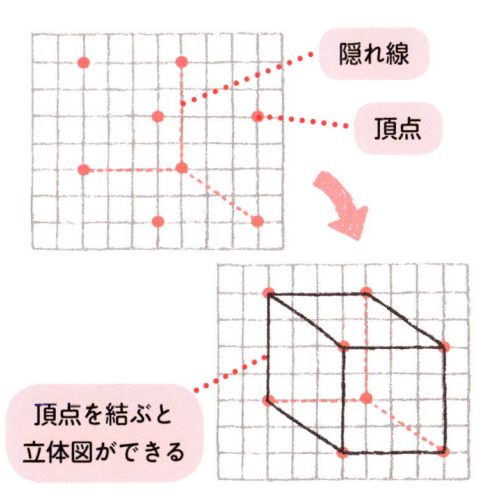

隠れ線や頂点をあらかじめ書き入れておくと、作図しやすくなります。何度か練習したら、隠れ線や頂点は徐々に減らしていきます。

立体に親しませる

積み木や空き箱などの立体を複数用意し、積んだり並べたりしてあそばせます。面と面の重なり合いなどの理解を深めることができます。

視覚教材を活用する

パソコンのCGソフトで、立体を3D画像にしていろいろな方向から確認します。面で隠れている部分を透かして見たり、展開していくプロセスを確認することもできます。

対応する面や辺を色分けする

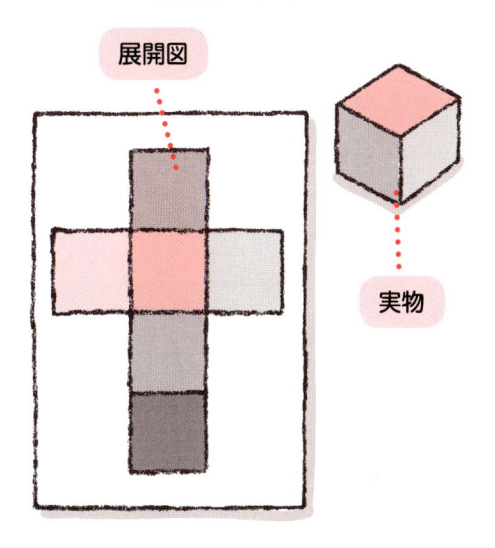

それぞれの面に色を塗り、組み立てた実物と展開図を見くらべながら、面や辺の関係の理解を促します。

1 行動
2 授業
3 生活面
4 対人関係
5 学習面
保護者との連携

動作がぎこちない

走り方などがほかの子どもの動きと異なり、手足の動きがスムーズにいかず、ぎこちなくなってしまう子どもがいます。本人は一生懸命やっていても、からかわれてしまうことがあります。

ヘンな走り方！

どんな背景があるの？

体の部位を把握し、適切に動かしたり力を入れたりするボディーイメージの弱さがあると、体の動かし方がぎこちなく、スムーズな動きができません。

考えられる背景

● ボディーイメージが弱い

● 手足の協応運動がスムーズにいかない

● 筋肉をうまく動かすことができない

● 運動に対して苦手意識が強く、運動そのものを敬遠してしまう

など

ボディーイメージが弱いと…

↓

● 体の部位の位置関係を把握できない

● 動作をするときに筋肉の力の入れ具合をコントロールできない

など

↓

動きがぎこちなくなりがち

周囲の子どもへの対応

　体の動きがぎこちない子どもは、周りの子どもにからかわれてしまいやすい傾向があります。あからさまにバカにしたり、わざと動くように仕向けてみんなで笑ったりといった行動がみられたときは、厳しく注意すべきです。苦手でも、本人が一生懸命取り組んでいる姿勢が大切だということを伝えましょう。

効果的な対応法

体の部位を意識させる

目を閉じて立たせ、ほかの子に体の部分をさわらせて、どこをさわったか当てるゲームなどをして体への意識を高めさせます。

障害物を通り抜けるゲームをする

ボディーイメージを高めるために、机の下やジャングルジムなどを、体をぶつけないように通り抜けさせるゲームをします。

いろいろな"歩き方"を練習させる

手足を協応させながら、体全体を使って行う歩き方を練習させます。

四つんばい

高ばい

あひる歩き

にわとり歩き

1 行動

2 授業

3 生活面

4 対人関係

5 学習面

保護者との連携

リズムに合わせて動けない

音楽やリズムに合わせたダンスや行進が苦手な子どもがいます。体育や運動会などで必要とされるスキルのため、うまくできないと、取り組むことをいやがる場合があります。

どんな背景があるの？

体をスムーズに動かすことが不得意な子どもの場合、音楽を聞きながら動きを合わせるというスキルが加わることで、取り組むことがより難しくなります。結果、動きの習得と、リズム感の体得の両方につまずきやすくなります。

考えられる背景

- 音楽を聞いてもテンポがつかめない
- 音を聞くことと体を動かすことが同時にできない
- 体の動きをうまくコントロールできずギクシャクしてしまう

など

いろいろなことを同時にできない

音を聞く
リズムをとる
体を動かす
動きをリズムに合わせる

↓

混乱してしまう

アドバイス

運動会のダンスなどで一人だけ異なる動きをしてしまうと、周りからせめられる可能性があります。苦手な子どもには完璧を求めるのではなく、部分的にできていればよしと考えるようにします。そのうえで、「ここだけは合わせよう」というポイントをしぼって、重点的に練習させるようにし、うまくできたときにはおおいにほめましょう。

効果的な対応法

1 行動

2 授業

3 生活面

4 対人関係

5 学習面

保護者との連携

その場で スピードを落として練習する

ゆっくり　少しずつ速く

これなら
ついていけそう！

がんばって
ついていこう！

速いテンポに合わせるのは難しいので、最初は遅めのテンポで練習をはじめ、少しずつテンポアップしていくようにします。

その場で 動きに合わせて手拍子を打つ

ハイ！
手拍子に合わせて！

パンパン

音楽を聞きながらリズムをとることができない子もいるので、手拍子を打ってリズムをとり、動きやすくなるようにサポートします。

呼びかけに合わせて動く練習をする

まっすぐ
立って！

手をついて！

しゃがんで！

まっすぐ
立って！

音に合わせて動くことができない子もいるため、呼びかけに合わせて姿勢をかえるゲームなどをして、音に注意しながら動けるようにします。

リズム感を養わせる

じゃんけん
パー！

じゃんけん
グー！

足じゃんけんなどで、リズミカルな動きを習得させます。動作のときに大きな声を出させると、リズムもとりやすくなります。

人の動きを
まねるのが苦手

ダンスの練習などで、見本の演技者の動きをまねたりすることが苦手な子どもがいます。演技を覚えるのに時間がかかり、みんなの動きになかなかついていけません。

どんな背景が
あるの？

発達障害の特性のひとつに人の動きを見てまねる力の弱さがあげられます。また、人への関心が薄いと、まねようとする意識も低いといえます。ボディーイメージの弱さから、動きを再現できない子もいます。

考えられる背景

- 手足の協応運動がうまくいかない

- 短期記憶の弱さから動きを覚えられない

- 注目されるのがいやで、やりたがらない

- ボディーイメージが弱く
  動きをまねできない

など

他人に関心がない
↓

ねえねえ

……

人に注目しにくいと、
人のまねも不得意になることも

アドバイス

　人に注目されることが苦手で、人前でダンスの練習などができない子どももいます。そうした子には集団での練習を無理強いせず、先生がついて個別に練習したり、気心の知れた友だちとグループで練習したりしてもよいことにします。家庭でならできるという場合は、保護者にも協力してもらい、家でも練習ができるような環境を整えます。

効果的な対応法

1 行動

2 授業

3 生活面

4 対人関係

5 学習面

保護者との連携

その場で 個別に指導する

難しいところだけ
ここで練習しよう

はい

集団と一緒に動きを覚えることは困難なため、集団から離れて個別に指導します。できるようになったら集団に合流させましょう。

その場で 同じ向きに立って教える

…

はい

見ててね

見ててね

指導者と向かい合って立つと左右が逆になり、動きを覚えるときに混乱します。指導者を後ろから見て覚えさせるとよいでしょう。

その場で スモールステップで覚えさせる

分けて練習する

A　B　C　D

○　○　○　○

それぞれができたら

A B C D

通しで練習する

一度にたくさんの動きは覚えられないので、細かい部分に分けて習得させ、最後に全部をつなげて、通しでできるようにします。

まねっこあそびをする

はなはな…

あたま！

人の動きを見て、みんなでまねをするゲームなども、ボディーイメージのトレーニングになります。

疲れやすく運動を続けられない

すぐに疲れてしまい、姿勢が崩れて寝転んだり、運動を途中でやめてしまったりする子どもがいます。体育の授業などでは、最後まで参加できなくなるケースもあります。

疲れたー！

え？もう？

どんな背景があるの？

運動が続けられない原因には、筋力や体力の不足のほかに、生活リズムの問題から疲れやすくなるケースもあります。また、ＡＤＨＤ（注意欠如／多動性障害）の不注意による、集中力の不足なども考えられます。

考えられる背景

- 運動不足で筋力が弱い
- 睡眠不足などの生活リズムの乱れから体力が低下している
- 運動への苦手意識があり、意欲がわかない　など

寝不足が原因の場合もある

アドバイス

　最近は、睡眠時間が十分とれていなかったり、朝食を抜いてきたりする子どもが少なくありません。そのために、体力が維持できず、日中疲れやすくなるケースもあります。保護者会の場などを通じて、家庭での生活時間を見直してもらうなどの働きかけを行い、保護者からも子どもの健康増進のための協力を得るようにします。

効果的な対応法

その場で

効果的に休憩をとる

ストレッチなどかるい体操をする

授業中は15分おきに、2分ほど休憩を入れるようにします。休憩は気分転換になり、体力の回復だけでなく集中力も増します。

休み時間に外あそびに誘う

まてー！

わーオニだー！

体力のない子どもは休み時間も教室で過ごしがちですが、できるだけ先生が声をかけて外に誘い出し、体を動かしてあそばせましょう。

体力づくりの機会を設ける

なわとび週間やマラソン週間のように、各自が休み時間などを活用して運動に取り組めるイベントを催します。一人一人にカードを配布し、校庭を何周走ったか、二重跳びが何回できたかなどを記録させ、ランクアップするごとに先生からスタンプやシールをもらえるようにするとモチベーションもあがります。

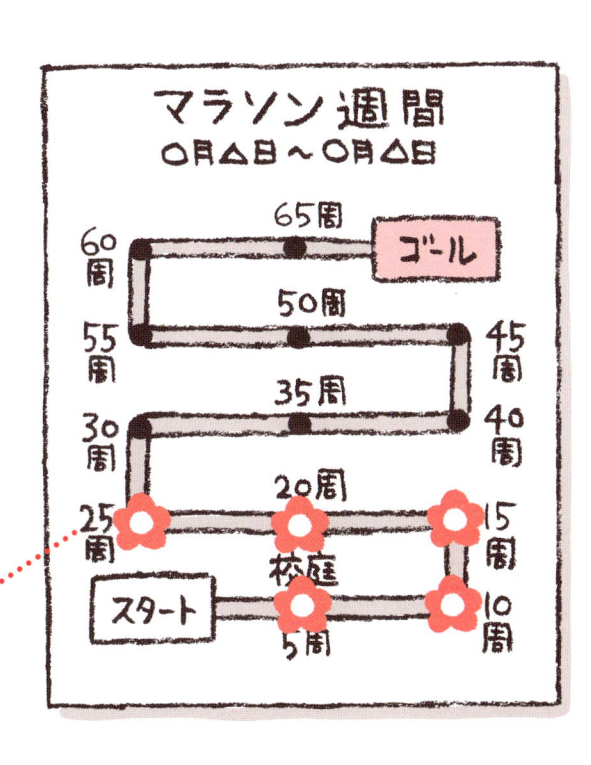

マラソン週間
〇月△日〜〇月△日

65周　ゴール
60周　50周
55周　45周
30周　35周　40周
25周　20周　15周
スタート　校庭　10周
5周

達成するごとにスタンプやシールをもらえる

1 行動
2 授業
3 生活面
4 対人関係
5 学習面
保護者との連携

鉄棒や跳び箱が苦手

鉄棒や跳び箱、マット運動など、はじめてする動作がイメージできずに苦手な子どもがいます。「落ちたら痛いんじゃないか」という恐怖心もあってチャレンジすることができません。

こわい！

どんな背景があるの？

耳の奥の前庭覚（ぜんていかく）が過敏（かびん）な子は、鉄棒の前回りやマットの前転のときに、頭がクラクラしてしまいます。また、頭が逆さになる感覚に恐怖心を覚える子どももいます。

考えられる背景

- 手首や腕の力が弱く、体を支えることができない
- 体を丸める動きができない
- ボディーイメージが弱い

など

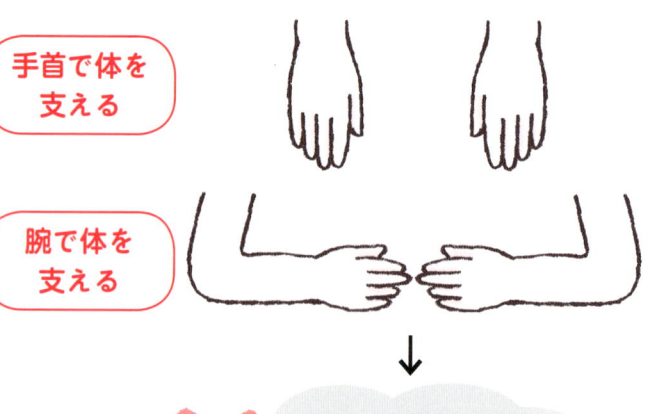

手首で体を支える

腕で体を支える

力が弱いと自分の体重を支えることができない

アドバイス

　体が大きくなると機敏な動きができにくくなるため、鉄棒やマット運動などは、低学年のうちに慣れておくことが望ましいといえます。家庭でも布団の上で前転をしたり、休日に公園で鉄棒の練習をしたりしてもらえるよう、保護者に相談するとよいでしょう。ただし、熱意のあまり、“特訓”になってしまわないよう注意が必要です。

効果的な対応法

1 行動

2 授業

3 生活面

4 対人関係

5 学習面

保護者との連携

その場で

到達度を下げて取り組ませる

いいぞ！

跳び箱なら、跳び越さずに跳び箱の上に跳びのるところからはじめるなど、課題のレベルを低めに設定して取り組ませましょう。

"荒療治" はしない

ほら！できたよ！

ワー!!

成功させるために、先生のサポートで無理矢理押したり回したりすると、子どもの恐怖心はいっそう強くなるため、逆効果となります。

手首や腕の力をつける

手首の力が弱いと、自分の体重を支えられず安定しません。高ばいや手押し車などの基本運動をして、手首や腕の力をつけさせます。

マットの上で半回転の練習をする

1・2・1・2……

| 後ろへ半回転 | ↔ | 基本の姿勢 | ↔ | 前に起きる |

鉄棒やマット運動で頭が逆さになる動きを怖がる子もいます。マットの上で、膝を抱えてゴロゴロと半回転することで慣れさせましょう。

水泳ができない

10秒間
顔を水につけますよー

えーっ！

顔に水がかかるのが怖い、水に顔をつけられない、水に浮かべない、息継ぎができないなど、水泳でつまずく子どもがいます。水泳の授業がいやで、見学を続けてしまうケースもあります。

どんな背景があるの？

水を怖がり、顔に水がつくことを極度にいやがる子どもがいます。泳ぐことは、緊張せずに体の力を抜き、水に浮かなければできません。恐怖心が強い子どもは、泳ぎのフォームもぎこちなくなりがちで、それが難しいといえます。

水がついたー!!

考えられる背景

- 水を極度に怖がる
- 緊張で体に力が入りすぎて浮かない
- タイミングよく息継ぎができない
- 水に入るとボディーイメージが弱くなる
- 「水をける」という動きがうまくできず、泳いでも前に進まない

など

アドバイス

　指導者が一対一で時間をかけて向き合えば、苦手な子どもでも水泳は少しずつできるようになりますが、授業時間内では一人の子どもに先生がつきっきりになることはできません。夏休みの水泳教室に参加を促したり、休日などに保護者にプールなどに連れて行ってもらったりできることが望ましいといえます。家でシャワーを頭から浴びる練習をするのもよいでしょう。

効果的な対応法

1 行動
2 授業
3 生活面
4 対人関係
5 学習面
保護者との連携

その場で

水あそびから スタートさせる

まてー！

水への恐怖心が強い子には、水あそびからスタートさせます。顔を水につけずにできる追いかけっこなどをして、水に親しませます。

その場で

浅い場所で 泳がせる

水泳の苦手な子

水泳の得意な子

深　　　　浅

胸より水深があがると不安が強くなるため、浅めの場所で練習させるようにします。それでも恐怖心が強い場合には、ライフジャケットを着用させ、安心して水あそびをさせます。

その場で

少しずつ ステップアップさせる

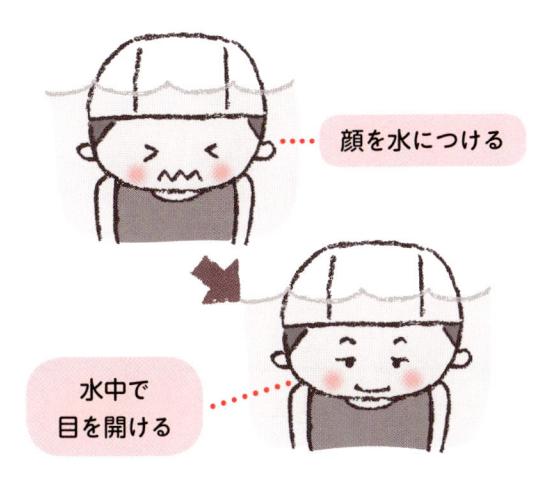

顔を水につける

水中で 目を開ける

顔を水につける、水中で目を開ける、体の力を抜いて浮く、ビート板を使ってばた足で進むというように段階を踏んで少しずつステップアップさせます。

その場で

レベルが同じ子と 練習させる

10 mしか 泳げないんだ

一緒に がんばろう！

泳ぎのレベルが近い子どうしを一緒のグループにしたほうが、本人たちも安心して練習に取り組めます。

ボール運動が苦手

ボールを投げたり、キャッチしたり、けったりする動作がうまくできない子どもがいます。球技のゲームなどでも、自信のなさから仲間と打ち解けることができず、孤立することもあります。

アレ？

どんな背景があるの？

ボールがキャッチできないことで怖さを感じている子も少なくありません。目と手の協応運動がうまくいかず、ボールを目で追いきれない、タイミングよくつかめないといった場合があります。

考えられる背景

- ● ボールが体に当たって痛かったことがある
- ● ボールとの距離感がつかめない
- ● 目と手、目と足などの協応運動につまずく
- ● 動くボールを目で追えない

など

目をつぶってしまい、キャッチできないケースもある

目を開けるよう指導すると、とれるようになることもある

アドバイス

　ふだんからボールであそんでいる子どもと、そうでない子どもではボールを扱うスキルにも大きな差があります。授業では、基本的にはできるほうの子のレベルに合わせるのではなく、なるべくできない子のほうに合わせます。ゲームでも、得意な子がボールを独占してしまわないようボールを持つ回数を制限するなど、ルール上の工夫も必要になります。

1 行動

2 授業

3 生活面

4 対人関係

5 学習面

保護者との連携

効果的な対応法

その場で キャッチの練習から はじめる

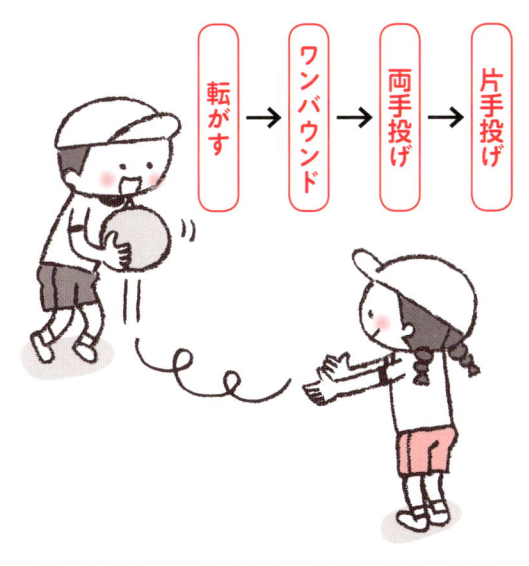

転がす → ワンバウンド → 両手投げ → 片手投げ

ボールがキャッチできない子どもには、スモールステップでキャッチの練習をさせます。

その場で 柔らかいボールで 練習する

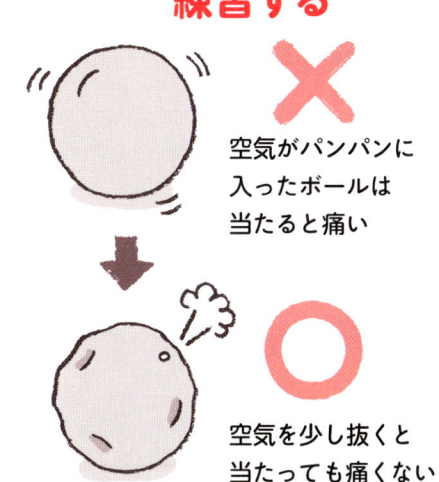

✕ 空気がパンパンに入ったボールは当たると痛い

◯ 空気を少し抜くと当たっても痛くない

ボールが当たったときの痛みがいやで敬遠する子もいます。ビーチボールなどの柔らかいボールを使うか、ボールの空気を少し抜くとよいでしょう。

目標に向けて 投げる練習をする

ボールを使ったボウリングや的当てゲーム、カゴにボールを入れるなど、ゲーム感覚で目と手の協応運動を強化します。

ボウリング

的に向けてボールを投げる

的当てゲーム

カゴに入れる

はさみがうまく使えない

工作などで、はさみがうまく使えず、きれいに切ることができない子がいます。使い方を誤るとけがにつながる可能性もあるため、十分注意しながら使用させます。

ギザギザ

どんな背景があるの？

手に力が入りにくい、手先が不器用、右手と左手の協応運動がうまくいかないなどの背景が考えられます。不注意や衝動性の高い子は、はさみを持ったまま危険な動作をしてしまうこともあります。

考えられる背景

- 指先の力が弱い
- 手先が不器用で指をスムーズに動かせない
- はさみを持たない手で、紙を動かすことができない
- 扱いにくいはさみを使っている

など

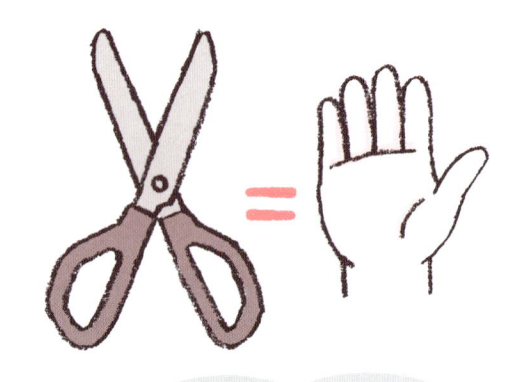

大きすぎるはさみなども扱いにくく、上手に切ることが難しい

アドバイス

　工作などの活動に取り組むときには、はさみの使い方の練習はほどほどにし、作品を仕上げることを最優先します。うまく切れないところは、適宜先生が手伝うなどし、まずは、作品が仕上がるように支援しましょう。一人の子どもばかり手伝うと不公平感が生まれるため、ほかの子どもに対しても必要に応じてサポートするようにします。

効果的な対応法

1 行動
2 授業
3 生活面
4 対人関係
5 学習面
保護者との連携

その場で 切りはじめの部分を手伝う

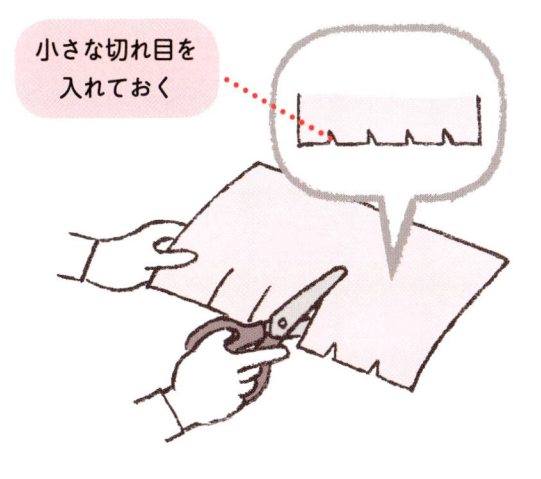

小さな切れ目を入れておく

切りはじめが難しいので、最初だけ手伝ったり、切りはじめの部分だけ切れ目を入れておいてあげたりして、続きを本人にやらせましょう。

その場で もう一方の手で紙を動かす

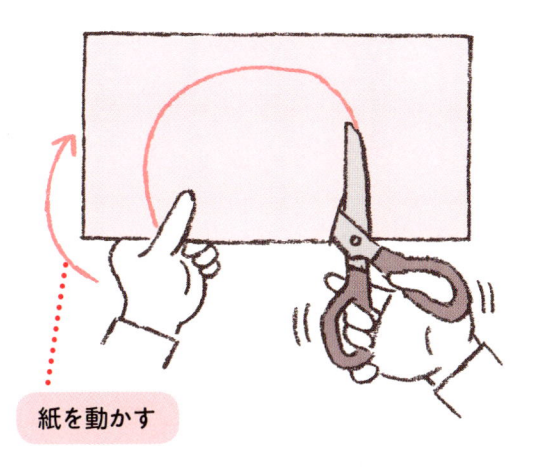

紙を動かす

はさみを持たないほうの手で、切りやすい方向に紙を動かしながらはさみを進めるのがコツです。紙の動かし方を指導します。

使い方から教える

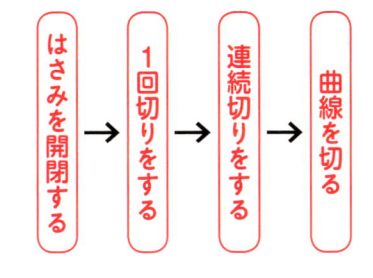

はさみを開閉する → 1回切りをする → 連続切りをする → 曲線を切る

はさみを開閉する練習からはじめ、段階を踏みながら使い方を学ばせます。

スプリングつきのはさみを活用する

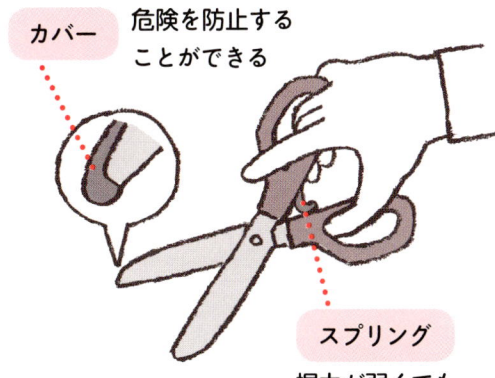

カバー　危険を防止することができる

スプリング　握力が弱くてもはさみの刃を動かすことができる

握力の弱い子には、小さな力でもはさみが動かせるスプリングつきのはさみを使わせましょう。また、危険を防止するためにカバーつきのはさみを活用させてもよいでしょう。

のりや粘土が使えない

のりや粘土の独特の感触が不快で、指や手で直接さわれない子どもがいます。創作活動に支障をきたすだけでなく、不快感がつのるとパニックになるおそれもあります。

どんな背景があるの？

自閉症の傾向のある子どもにみられる特有の感覚過敏（かびん）が背景にあると考えられます。感覚過敏による不快さは他人には理解されにくいため、軽視されがちですが、がまんできるものではないことを知っておく必要があります。

考えられる背景

- のりや粘土の感触が苦手
- 粘土のにおいが苦手
- 粘土をこねる力が足りない
- のりの入った容器に指を入れられない
- のりの適量がわからずつけすぎてしまう　など

感覚過敏の例

嗅覚（におい）、触覚（肌ざわり）、聴覚（音）など、さまざまな感覚に過剰に反応してしまう

アドバイス

感覚過敏は生まれつきの特性であり、慣らすことで克服できるようなものではありません。本人がいやがるときは無理強いせずに、子どもが受け入れられる方法を用いるようにします。のりは浅めの皿に出し、うすく伸ばした状態であれば、指でさわれるケースもあります。いろいろな方法を試してみましょう。

効果的な対応法

1 行動
2 授業
3 生活面
4 対人関係
5 学習面
保護者との連携

その場で 苦手な部分を サポートする

こねる　伸ばす　切る　型を抜く

粘土を少しならさわれるという子の場合は、部分的に先生が手伝い、形をつくるところは自分でやらせるといった対応をします。

その場で のりをつける位置に 印をつける

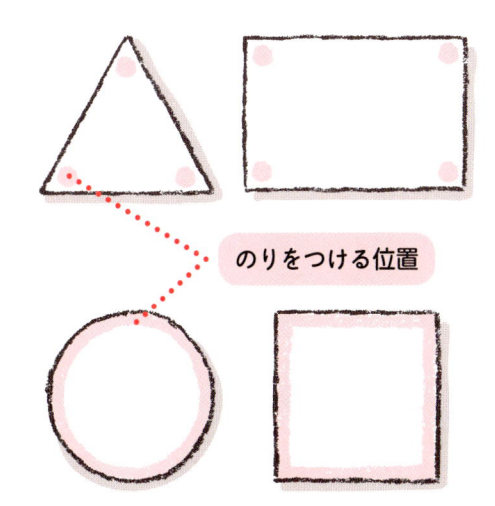

のりをつける位置

のりをつけすぎてしまうケースがあります。のりをつけるポイントに印をつけて防止します。

その場で さわらずに使える 方法にする

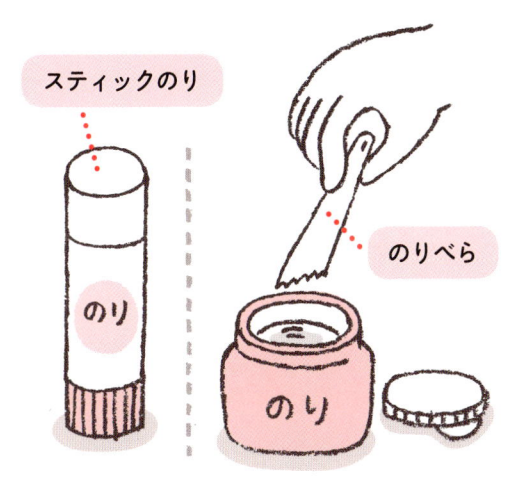

スティックのり

のりべら

のり

のり

のりの場合は、へらを使ったり、スティックのりで代用したりすれば、直接指でさわらずにすみます。

においや感触の 合うものを

ワー！

におい ✕

感触 ✕

粘土には独特のにおいや感触があり、さわれない子もいます。最近はにおいの少ないものもあるため、本人に合うものを使わせます。マスクをさせるのもよいでしょう。

プリントなどを
ていねいに折れない

配布されたプリントを折って保管するときなど
に、角をそろえてきれいに折ることができない
子どもがいます。保管状態が悪いと、破れたり、
紛失したりしやすくなります。

どんな背景が
あるの？

手先の不器用さが背景にあることが多く、指先
に力が入りにくかったり、入りすぎてしまった
りします。また、ＡＤＨＤの傾向が原因の不注
意があると、角と角を合わせるところを目で確
認しなかったり、折り方がわからなくても気に
しなかったりすることがあります。

考えられる背景

- 指先の力がスムーズに
  コントロールできない

- 角と角を合わせることを意識できない

- きちんと保管しようという意識が低い

- 折り方がわからない

　　　　　　　　　　　など

イラ
イラ

なかなか角が
合わないよ…
もういいや…

アドバイス

　ていねいに折るという意識が低い子どもには、折り紙あそびなどを通して、角
を合わせて折る習慣づけにつなげます。不器用な子どものために、工程の少ない、
簡単な折り紙を指導するとよいでしょう。同じものをくり返しつくると、コツを
覚えてだんだん速く折れるようになっていきます。上手にできたときは、おおい
にほめましょう。

効果的な対応法

角を合わせることを意識させる

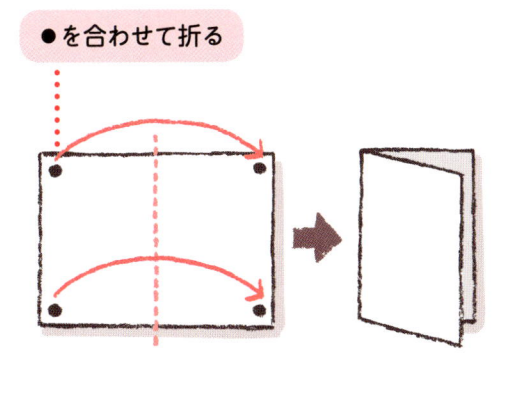

● を合わせて折る

角と角をぴったり合わせて折る練習をします。角がわかりやすいように、紙の四隅に印をつけておくとよいでしょう。

折り目をつける練習をする

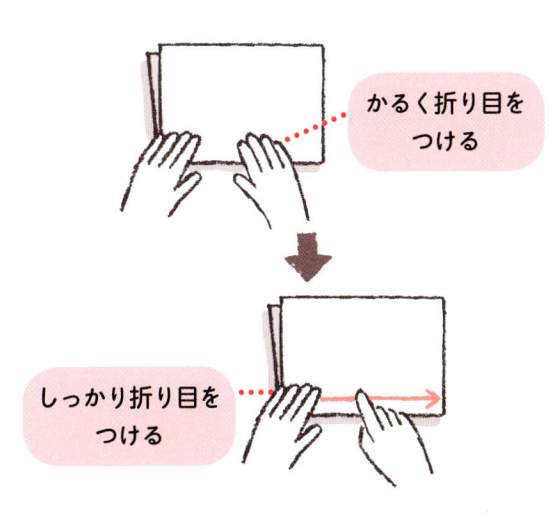

かるく折り目をつける

しっかり折り目をつける

一度かるく折って折り目をつけてから、角が合っているか確認させ、その後、指を滑らせるようにしてきちんと折り目をつけることを教えます。

小さく、薄い紙で練習する

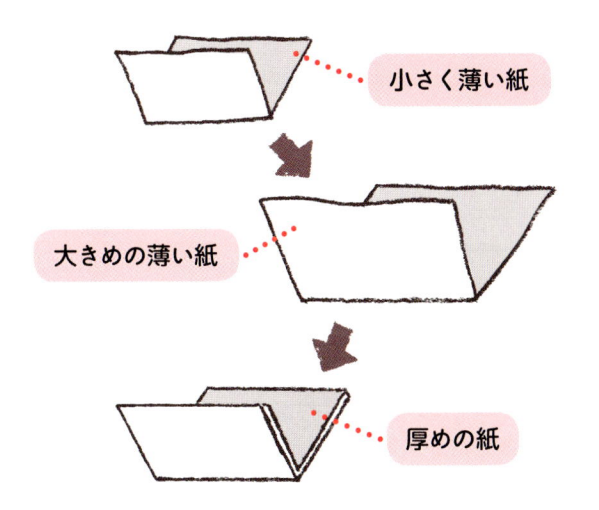

小さく薄い紙

大きめの薄い紙

厚めの紙

最初は、扱いやすく折りやすい小さめの薄い紙で練習させ、慣れてきたら大きめの紙、厚めの紙でも練習させます。

少し折り目のついた紙で練習する

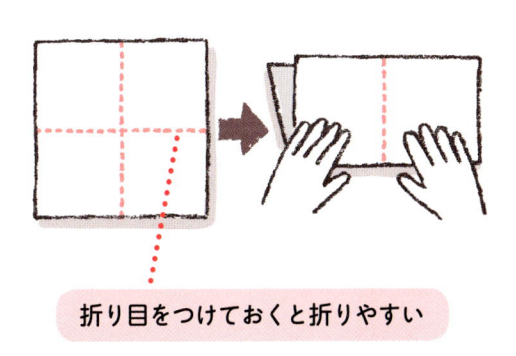

折り目をつけておくと折りやすい

上手に折れない子は、まず少し折り目のつけてある紙で練習させます。折り目がガイドになって折りやすくなります。

1 行動
2 授業
3 生活面
4 対人関係
5 学習面
保護者との連携

作品をていねいに つくれない

絵や工作などの作品をていねいに仕上げられない子どもがいます。真剣に取り組もうという意欲にも欠け、仕上がりが雑になってしまいがちです。

どんな背景があるの？

創作活動への苦手意識が背景にあることが多いといえます。仕上がりをイメージできないので意欲が低く、手順がわからないため興味もわきません。作品を認められた経験がないことも意欲の低下の一因となります。

考えられる背景

- 不器用なため苦手意識がある
- 絵や工作への関心が低く、意欲がわかない
- 手順が覚えられずわからない
- 創作でほめられた経験に乏しい

など

アドバイス

やる気が出ないために、時間をかけずに適当に作品をつくってしまいがちです。雑な仕上がりになることで自分も達成感が得られず、人からも認められないため、ますます意欲が低下するという悪循環に陥ることもあります。苦手なりに、本人が満足感や達成感を得られるような作品に仕上がるよう、根気よく支援することが重要だといえます。

効果的な対応法

1 行動
2 授業
3 生活面
4 対人関係
5 学習面
保護者との連携

その場で 部分的に手伝いサポートする

くぎ打ちだけ手伝うからね

はい

ていねいにつくろうという意識が低い子には、部分的に先生が手伝いながら、ていねいに取り組むことの大切さを教えます。

その場で 創作に興味をもたせる

先生 恐竜の絵でもいいですか？

いいですよ！

絵や工作に興味がない子には、好きなテーマを選ばせます。好きなものに関する作品というだけで、モチベーションがあがります。

その場で 手順表を置く

1 こねる → 2 ちぎる → 3 のばす → 4 まるめる

作品づくりには必ず手順があります。手順の説明をするとともに、絵や写真などを置いて、つくりながら確認できるようにしましょう。

できあがった作品をほめる

迫力があっていい絵だね！

作品のできがいまひとつで、他人からも認められない経験が重なると、意欲も低下します。アドバイスをしたり、手直しを手伝ってよい作品に仕上がったときにはほめてあげましょう。

発表が苦手

なんちゃって エヘヘ…

日本のおしろ

みんなの前で発表などをするのが苦手で、うまく話せない子がいます。人前だとふざけてしまったり、発表の内容を上手にまとめられないケースなどがあります。

どんな背景があるの？

一人で調べものをしたり、文章を書いたりすることが苦手だと、準備が進められません。発表までのプロセスが多いため、取りかかる前から面倒になり、手つかずになってしまう子もいます。

考えられる背景

- 文章を書くことが苦手で原稿がつくれない
- 原稿を読むのが苦手
- 人前に立つと緊張して話せない
- 時間のかかる調べものが面倒になる
- 自信のなさからふざけた態度をとってしまう

など

テーマ決め　　調べもの

原稿づくり　　ポスターづくり

発表の練習

あー めんどう くさいなー

↓

段取りが多く、完成までに時間のかかる作業に、なかなか取りかかれない

アドバイス

　グループで発表するときは、ほかの子どもと役割分担をすることになるため、その子が得意な役割を担わせるよう配慮しましょう。人前で話すのが苦手な子どもの場合は、調べものや原稿づくりで活躍させます。グループ内で戦力外扱いされ、役割を担わせてもらえないといった問題が起こらないよう、先生が進捗状況をときどき確認する必要があります。

効果的な対応法

1 行動

2 授業

3 生活面

4 対人関係

5 学習面

保護者との連携

その場で テーマ決めを手伝う

お菓子づくりが
好きって言ってたね
お菓子をテーマにしたら？

調べ学習などのテーマが決められない子には、先生がいろいろと質問を投げかけ、なにに関心があるのかを本人に気づかせます。

その場で 調べ方のヒントを与える

いろいろな
方法があります

調べ方
・図書館で本をさがす
・パソコンで検索する
・くわしい人に聞く
・関係のある博物館に行く

調べ方がわからない子には、図書館で本をさがす、パソコンで検索するなど、さまざまな方法があることを教えます。

その場で 原稿のつくり方を支援する

まとめ	意見	結果	予想	選んだ理由	テーマ

発表原稿がまとめられない子には、全体の構成のしかたを示します。はじめはメモ程度に書き、一緒に確認しながら文字量を調節します。

発表時の態度を指導する

・姿勢よく立つ
・みんなのほうを向く
・大きな声で、ゆっくり話す
・ときどきポスターを指しながら話す

自信のなさから、ふざけたような態度をとってしまう子がいます。発表のときの姿勢、視線、声の出し方などを事前に練習させたり、上手な子を手本にさせてもよいでしょう。

楽器の演奏が苦手

鍵盤ハーモニカの運指などが苦手なために、楽器演奏の授業を楽しめない子どもがいます。上手な子との差も大きくなりがちで、苦手意識をもちやすくなります。

指が追いつかないよ…

どんな背景があるの？

手先の不器用さがあると、楽器の運指につまずきやすくなります。協応運動のつまずきから、楽譜を目で追いながら息の量を調節し、指も動かすなど、複数の動作を行うのが困難なケースもあります。

考えられる背景

- 手先が不器用で指がスムーズに動かない
- 鍵盤の位置を覚えられない
- 息の量を適切に調節できない
- 同時に複数の動作ができない　など

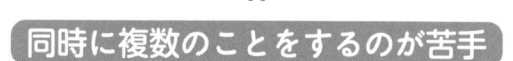

発達障害の特性
＝
同時に複数のことをするのが苦手

指を動かす

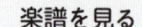
楽譜を見る

息を吹く

ムリ！

アドバイス

　自閉症の傾向のある子のなかには、独特の感覚過敏（かびん）のために、みんなで演奏する楽器の音が不快で耐えられなくなる場合もあります。そうしたケースでは、楽器演奏に無理に参加させず、別室で個人練習をさせたり、別の課題に取り組ませたりといった配慮をしましょう。ほかの子どもたちにも事情を話し、理解を求めます。

効果的な対応法

その場で 音楽の楽しさを味わわせる

指が違っているけどまあいいか…

演奏の上達はひとまず追求せずに自由に弾かせ、自分で音を奏でる楽しさを感じさせましょう。

その場で 動作を分けて練習する

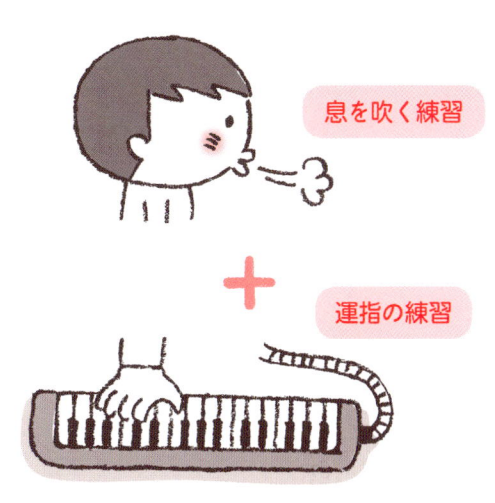

息を吹く練習

＋

運指の練習

鍵盤ハーモニカの場合、息を吹き込む動作と鍵盤を弾く動作を別々に練習し、慣れてきたら、2つの動作を組み合わせて練習します。

その場で 息の吹き込み方を練習する

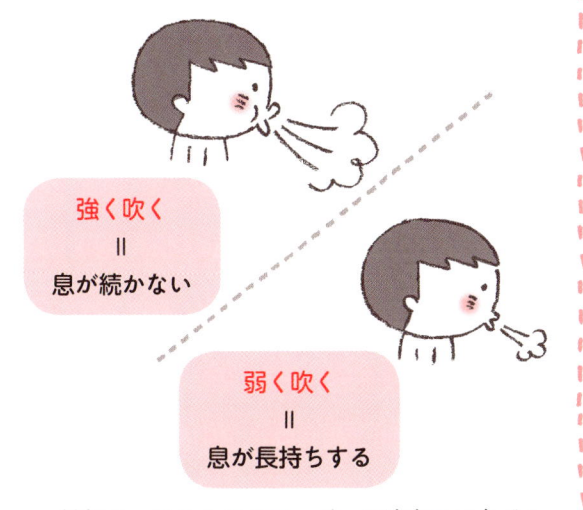

強く吹く
＝
息が続かない

弱く吹く
＝
息が長持ちする

鍵盤ハーモニカやリコーダーの演奏では息づかいにも工夫が求められます。どれくらいの息の量が演奏に向いているのか、いろいろ試させながら、適量の息を吐き続ける練習をさせます。

鍵盤に音階シールを貼る

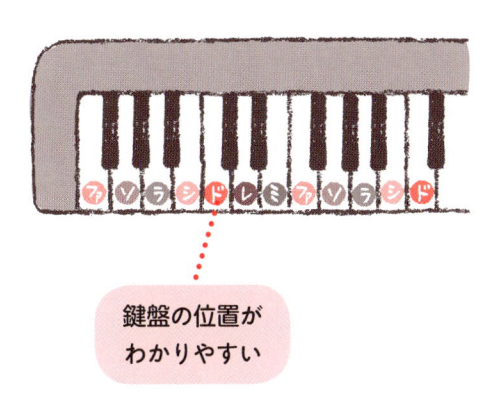

ドレミファソラシドレミファソラシド

鍵盤の位置がわかりやすい

どこが「ド」かわからない子には、しばらくの間、鍵盤に音階シールを貼って鍵盤の位置を確認させます。

1 行動

2 授業

3 生活面

4 対人関係

5 学習面

保護者との連携

教わったことを忘れてしまう

一度教わって理解したことでも、短期間のうちに忘れてしまう子どもがいます。本人なりに一生懸命勉強しているのに、なかなか知識が定着せず、成績も振るいません。

「計算のきまり」ってなんだっけ？

「計算のきまり」覚えているよね

どんな背景があるの？

短期記憶の弱さによる忘れやすさのほか、覚えられる量が少ないので、記憶にとどめられずに覚えられない傾向があることも考えられます。同じことを何度もくり返し学ばないと定着しません。

考えられる背景

- 記憶力に弱さがあるため、一度に覚えられる容量が少ない

- わからないことを質問しに行けない

- 思い出そうとする力が弱いので、わからないまま放置してしまう

など

短期記憶が弱いと…

- 覚えたことをすぐに忘れやすい
- 何度も覚え直さなければならない
- 定着に時間がかかる

など

覚えてる人！

アドバイス

　発達障害のある子どもは、ほかの子どもが2〜3回学習すれば覚えられるようなことが、何度学習しても定着しない傾向があります。真剣に取り組んでいないのではないかという偏見をもってしまいがちですが、本人はそのつど一生懸命勉強していることを理解しましょう。回数を重ねて学習し、時間をかけて根気よく取り組むことが、定着を促します。

効果的な対応法

1 行動

2 授業

3 生活面

4 対人関係

5 学習面

保護者との連携

その場で 忘れても確認できる方法を

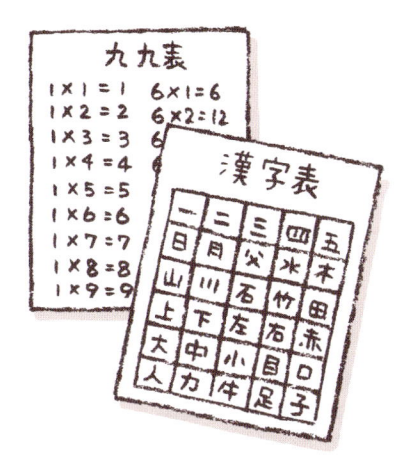

忘れてしまい、すぐに思い出せないときでも、手元に確認できるものを用意しておくと安心です。九九表や漢字表などを持たせます。

その場で 質問を受ける時間をつくる

質問のある人は先生のところに来てください

わからないことを質問しに行ける時間をつくることも重要です。子どもが気兼ねなく聞きに行けるような雰囲気づくりも必要でしょう。

1回の学習量を少なめにする

きょうは5の段だけ覚えますよ

一度に多くのことが覚えられないため、1回の授業で覚える範囲（量）を抑え気味にします。回数を分け、しっかり覚えさせるようにします。

復習の機会を増やす

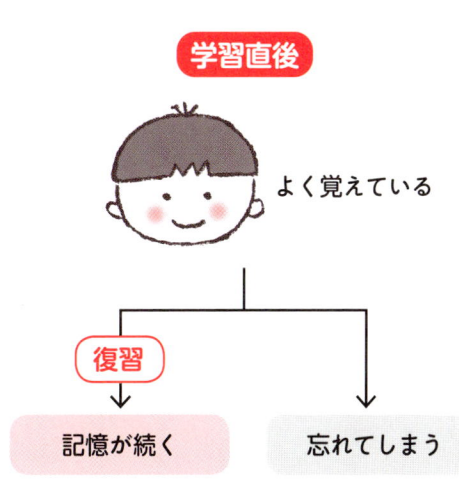

学習直後

よく覚えている

復習

記憶が続く　　忘れてしまう

すでに終わった単元についても、ときどき振り返り復習をします。授業の最初や最後に、おさらいの時間を設けるとよいでしょう。

親が発達障害当事者というケース

発達障害は遺伝的な要因

　発達障害は、家族性があり、遺伝的な要因があるのではないかと多くの専門家に推測されています。つまり、子どもに発達障害がある場合、そのきょうだいや親にも同じような傾向がみられる可能性があるということです。

　たとえば、子どもにADHDがあり、忘れものが多いという話を保護者としたとしても、保護者自身も忘れっぽい特性をもっていて、子どもの忘れものになかなか気づけないかもしれません。そうなると、「お母さんにしっかりしていただかないと…」とお願いしても、物事はうまく運ばなくなります。

　保護者とやりとりするなかで、話がかみ合わない、約束したことが一向に実践されないというとき、「困った保護者だ」というふうにとらえるのではなく、「お母さんもなにか困っていることがあるかもしれない」と考えるようにしてみましょう。

保護者に寄り添う気持ちを忘れずに

　発達障害のある子の子育ては、思うようにいかないことが多いうえに、自身も発達障害のある親が、さらに発達障害のある子どもを育てることが、いかに大変であるかは想像に難くありません。まず、そうした保護者に対して、子育てに人一倍苦労しているということへのねぎらいの気持ちをもつべきでしょう。そして、日々悩みや不安を抱えているであろう保護者を、精神的に支える立場に立つことが望まれます。

　"精神的に支える"というのは、常に見守りながら、いざというとき"味方になる"ということです。発達障害のある子どもの保護者は、子どもが学校で起こしてしまうトラブルのために、ほかの保護者からよく思われなかったり、非難の目を向けられたりすることがあります。

　孤立しやすい発達障害児の保護者にとって、先生が理解者となり、味方となってくれればどれだけ心強いことでしょう。なかなか声を発することができない保護者にかわり、ほかの保護者に向けて、発達障害への理解を求める役割を担ってほしいと思います。

適切な支援をするために

保護者への対応のしかた

保護者と向き合うときに、はじめから批判的であったり、上からものを言うような態度で接してもうまくいきません。保護者のおかれた状況を察し、その思いに寄り添う姿勢をもつことが、子どもの問題を的確に理解してもらうことにつながります。

保護者の立場や気持ちを尊重する

子どもが心身ともに健やかに成長していくために、家庭は子どもにとって安心できる場所であり、親は子どもを無条件で受け入れる存在であることが望まれます。

しかし、子どもに発達障害などがあり、生活上、学習上のつまずきが度重なると、親自身が子育てに自信を失ったり、子どもを受け入れようと思う気持ちが揺らいでしまったりすることもあります。

教員は、課題をもつ子どもの保護者がそうした状況におかれていることや、子育てによる負担の重さから、手放しで子どもを愛せないこともありうるということを、十分理解しておく必要があります。

そのうえで、これまで保護者が苦労の多い子育てに努めてきたことに敬意を払い、「大変でしたね」などとねぎらいのことばをかけましょう。また、保護者の考え方やしつけなどに、「至らない」と思われる部分があったとしても、せめたり批判したりしないようにします。

"完璧な親"をめざしてがんばりすぎなくてよいこと、だれかに頼り、相談することも大切だということを伝えましょう。

まずは保護者の話を聞く

保護者と面談の機会があるときは、まず、保護者が考えていること、感じていることを率直に話してもらうようにし、教員はそのことばに耳を傾けます。

こちらから伝達したいことがあったとしても、まずは保護者の話を聞くようにしましょう。保護者の考えを聞く姿勢をはじめに示すことは、信頼関係を築くうえできわめて重要です。

どうぞ、おかあさんのお気持ちをお話しください

保護者は、子育てで悩んでいたり、不安を抱えていたりするケースが少なくない

うちではものの位置が
かわっただけで
落ち着かなくなります

そうなんですね

家庭でのようすを教える
▼
学校での対応を工夫できる

学校でうまくいった対応を教える
▼
家庭での子育ての手助けになる

1 行動

2 授業

3 生活面

4 対人関係

5 学習面

保護者との連携

「先生や周りの子どもに迷惑をかけているに違いない」と遠慮し、自分の思いを率直に話すことができないでいる保護者もいるため、教員が話を聞いてくれるだけで安心できる場合もあるのです。

家庭での子どものようすを知る

保護者から話を聞くとき、「ご家庭でのお子さんのようすはいかがですか」と問いかけ、家庭における子どもの情報を得ることも重要です。学校とは異なる生活場面で、子どもがどのようにふるまっているのかを知り、学校と家庭での共通点や相違点を明らかにすることで、子どもの行動特性をより深く理解することができます。

また、問題行動などがどのような状況で起こりやすいのかということがわかれば、予防のための対策を講じることも可能になります。

子どもについて認識をともにし、理解できるようになることは、お互いの信頼関係の構築にもつながります。家庭と学校が情報を共有し、子どものためにどのような支援を行えばよいのかを考え、連携・協力していくことが求められます。

子どもの長所を共有する

発達障害のある子どもの場合、できないことや困ったことばかりが目立ち、どうしても「手のかかる子」「困った子」といった目でみてしまいがちです。

しかし、保護者と向き合うときには、子どもの短所ではなく、「○○ができるようになった」「□□にがんばって取り組んでいる」というように、ポジティブな面や長所を強調して伝えるようにします。

毎日練習して苦手ななわとびが10回も跳べるようになりましたよ！

子どもの長所を伝えることで、保護者は「先生は子どものよい面をみようとしてくれている」と、好意的にとらえるようにもなる

保護者の多くは、わが子の欠点やできない部分ばかりに目がいき、長所がみえていない場合が少なくありません。教員から指摘されて、「そんな長所があったのか」と気づかされることもあるものです。

また、保護者がわが子に向ける目は厳しく、要求も高くなりがちです。そのため、教員が得意な点を評価しても、真っ向から否定してしまうことさえあります。そうした認識のかたよりを、客観的な視点から修正してもらえるよう働きかけ、子どもの長所を素直に受け止められるようサポートすることも教員の務めといえます。

教員と保護者が子どもの小さな成長もしっかり認め、ほんの少しの長所でも、ほめるようにしてほしいと思います。

長期的な視野をもってもらう

発達障害のある子どもの支援において、大切でありながら忘れてしまわれやすいことに、"長期的な視野をもつ"ということがあげられます。

周囲の大人は、起こっている問題を解決するために、しばしば子どもにとって"その場しのぎ"にしかならない支援をしてしまうことがあります。

たとえ、目の前の困難を早く解決するための簡単な方法があったとしても、子どもの将来のことまで考えた場合、本当によい対応なのかを考えなければなりません。

たとえば、10歳の子どもがとる問題行動は見過ごすことができても、同じ問題行動を20歳になってもとっていたとすればどうなるか。そこまで考えたうえで、10歳の子どもに対する支援を考えなければならないということです。

「発達障害があるのだから、おおめにみてあげればよい」という対応のしかただけでは、子どもが大人になったときに壁にぶつかることになります。

教員が子どもと直接向き合うのは、その子が学校に在籍している間だけですが、保護者は子どもが学校を卒業したあとも、ずっと支援し続けます。

また、子ども自身はいずれ社会に出て自立し、自分の人生を生きていかなければならないのです。そのときに困らないような支援を、子どものころからしておくことが重要であり、保護者にも、そのことについて説明し、理解を求めておく必要があるといえるでしょう。

ほかの保護者にも理解を求める

教員が向き合うべき保護者は、支援を必要とする子どもの親だけではありません。とくに支援が必要のない子どもたちの保護者とも、向き合う必要があるのです。

最近は、「発達障害」について広く知られるようになり、多くの保護者に特別な支援を必要とする子どもの存在への理解が広がってきました。

しかし、そうした子どもたちに向けられる周囲の保護者のまなざしは、必ずしも温かいものとは限りません。「学級のお荷物になっている子」といった見方をしたり、「親が甘やかしたから、しつけが悪かったから」といった誤った認識をもっていたりする保護者もいます。

発達障害は、脳の機能の不具合が原因で起こるものであり、育て方やしつけが原因ではありません。

そして、こうした子どもたちは、幼いころからかんしゃくを起こしやすかったり、意思疎通（そ つう）が難しかったりといった特性があるため、親は子育てにおいて人一倍苦労してきているのです。そのことを、ほかの保護者にも理解してもらい、「みんなで支えよう」というまなざしをもってもらえるよう、働きかけなくてはならないでしょう。

保護者の考え方や態度は、そのまま子どもに映し出されます。

多くの保護者が温かいまなざしをもつことで、その子どもたちも、支援の必要な子を温かな目でみるようになります。そして、そうした連帯がつくられることは、支援の必要な子どもだけでなく、ほかの子どもの社会性、人間性をも成長させることにつながるのです。

支援の必要なお子さんを温かく見守っていただきたいと思います

保護者会などの機会を通して他児の保護者に対し、「支援が必要な子どもを全体で見守り、支えてほしい」と訴え、理解を求めることが大切

1 行動
2 授業
3 生活面
4 対人関係
5 学習面
保護者との連携

保護者に対する接し方の基本

保護者から連絡を受けるとき、また、学校から保護者に連絡をするときには、保護者の気持ちに配慮した接し方が必要になります。小さな気づかいによって、保護者を不安にさせたり、驚かせたりせずにすみます。

保護者から電話があったとき

▼

問い合わせや相談の電話を受ける場合は、"緊急対応"の心づもりで接する

保護者のなかには、気軽に学校に連絡してくる方もいますが、大多数の保護者は、多忙な先生に迷惑をかけたくないと学校に問い合わせをすることを遠慮してしまいます。

そうした保護者が、いろいろ考えて悩んだ末に、意を決して電話をかけてくる場合もあるため、保護者からの電話にはていねいな応対を心がけます。

また、話し慣れていない保護者が相談内容をうまく説明できないような場合は、話を区切って聞くようにし、そのつど、どういう意図なのか確認しながら正確に聞きとります。

簡単な確認や問い合わせであれば、電話のやりとりで終えられますが、詳細な説明や話し合いが必要なケースもあります。

じっくり時間をかけて話したほうがよいと感じた場合は、あらためて面談を行うことを打診しましょう。

注意！ 保護者を不安にさせることば

教員が軽い気持ちで使ったことばや表現が、保護者の不安やストレスを強めてしまうことがあります。ことばを発する前に、保護者がどう感じるか、どう受けとられるかを想像することが大切です。

こんなお子さんははじめてです

「あなたの子どもは手に負えず、とても面倒をみきれない」という教員からの苦情とも受けとられかねません。たいていの保護者は教員から見放されたと感じます。保護者からの信頼も失うことになるため、けっして言ってはいけないことばです。

こういうお子さんははじめてでどうしたらよいか…

すみません！

学校からは見放されたってこと？

学校

病院

病院で診てもらったらどうですか？

教員が「病院で診断を受けたほうがよい」と言うことは、解決を医療にゆだね、"教育者としての指導を放棄した" とも受けとられかねない

1 行動

2 授業

3 生活面

4 対人関係

5 学習面

保護者との連携

みんなが困っています

「授業が進められなくて困っています」「乱暴をするのでみんなが困っています」などと、本人以外を主語にして「困っている」と訴えることは、教員や周囲の子どもたちに迷惑をかけているということをアピールしているに過ぎず、好ましくありません。

発達障害のある子どもの場合、確かに周囲にもいろいろな影響を及ぼしますが、だれよりも一番困っているのは本人です。もちろん、乱暴な行為によって周囲の子どもを傷つけることは許されませんが、その子自身も、不本意ながらもそういう行動をとってしまう自分に困っているのです。教員はその視点を忘れてはなりません。

病院で診てもらってください

子どもの行動特性などから、「発達障害ではないだろうか？」と思ったとしても、そのことを安易に保護者に言うべきではありません。障害であるかどうかの判断は医師などの専門家でなければわからず、知識や経験のある教員であっても、診断をつけることはできないのです。

親切心からの助言のつもりでも、「障害ではないか」などと発言することは避けるべきです。

もし、障害の可能性が疑われ、医療機関への受診を促すとしても、保護者との間に一定の信頼関係が築かれてからにしましょう。

「周囲が困っている」と伝えるのではなく…

授業が進まなくて、みんなが困っています

○○さんは授業中じっとしていられず、苦労しているようです

「子ども自身が困っている」と保護者へ伝える

電話で話せる時間がないとき

▼

いまどれくらい時間がとれるか、いまが無理ならばいつ時間がとれるかを伝える

保護者からの電話を受けたときに、タイミングによっては、話をする時間が十分にとれないケースもあります。

そのような場合は、いまどれくらい時間がとれるか、あとでよければ、いつごろどれくらいの時間がとれるかを、まず保護者に伝えましょう。

話の途中で時間切れになってしまわないよう、十分な時間がとれるタイミングを図るのが理想的です。こちらの都合を伝え、その時間帯にこちらからかけ直すか、保護者にもう一度電話をしてもらうかを相談して決めましょう。

頻繁（ひんぱん）に電話がかかってくるとき

▼

問い合わせには事細かにこたえ、保護者の話はさえぎらずにすべて聞く

子どもへの不安が強い保護者や、学校に対する不信や不満が強い保護者の場合、毎日のように電話がかかってくることがあります。とくに、子どもがいじめられたなど、直近にトラブルがあったケースでは、ていねいな対応に終始します。

一方、学校や教員に対する不満が強い場合は、ことばをさえぎらず、ひとまず保護者の話を全部聞くようにします。そのうえで、学校側の立場、方針を説明し、それでも理解が得られない場合は、直接学校に足を運んでもらい、顔を合わせて話し合う機会をもつよう働きかけます。

◆ 問い合わせには、ていねいに対応する ◆

どうなっているんですか！

説明してください！

必要なことはメモをとる

保護者の話をさえぎらずに全部聞く

↓

質問には事細かにこたえる

↓

それでも理解が得られない場合は、直接会って話し合う

1 行動

2 授業

3 生活面

4 対人関係

5 学習面

保護者との連携

学校から保護者に電話をするとき

▼

驚かせたり、身構えさせたりしないよう、おだやかな口調で話す

学校から電話がかかってくると、多くの保護者は「学校で子どもになにかあったのではないか」と驚き、不安を感じます。電話を受けた親を驚かせたり、身構えさせたりすることのないよう、おだやかな口調で話すように心がけます。

学校から電話をかけるケースは、緊急性が高い用件か重要度の高い用件に限るべきです。

たとえば、子どもが学校でけがをしたり、具合が悪くなったりしたときは、時を選ばずにすぐ連絡するようにします。友だちとトラブルが起きたというようなケースでは、状況がある程度把握できて、保護者にきちんと説明ができるようになった段階で電話をかけるべきでしょう。

また、保護者が仕事をしている場合もあるため、いつでも電話に出られるとは限りません。留守番電話にメッセージを残し、もう一度かけるか、かけ直してもらうなど、相手の生活時間などにも配慮した対応が求められます。

緊急性の高くない連絡事項であれば、子どもの連絡帳などを介して伝えるようにします。連絡帳にするか、電話にするかの使い分けについては、事前に保護者と話し合ってルールを決めておくとよいでしょう。

 **緊急性や重要度に応じた連絡手段**

緊急性 高　電話で連絡する

- 発熱や腹痛などの急病
- 医療機関での治療を要するけがをした
- 友だちとトラブルになり、けがをした（または相手にけがをさせた）
- いじめを受けた

など

事実確認が必要になるようなケースでは、状況を把握してから連絡する

緊急性 低　連絡帳や手紙で連絡する

- 軽度の体調不良や軽いけがなどで、保健室での対応で回復した
- 友だちとトラブルがあったもののすぐに和解した

など

保護者対応の具体例

子どものつまずきを保護者に伝えるときのコツ、また、保護者からの相談を受け止めるときのポイントについて、具体例をあげて紹介します。重要なことは保護者に共感することと、子どもの視点を尊重することです。

《学校 ▶ 家庭》
学習や行動の つまずきを伝える

学校生活における子どものつまずきについて、面談などで教員から保護者に対して説明するときには、子どもがどのような場面で困難を抱えているのか、そのつまず

事例① 立ち歩きが目立つケース

先生

> 授業中、着席していることが難しく、本人も悩んでいるようです

保護者

> そうですか…みなさんにご迷惑をおかけしていますね

先生

> 迷惑などかけていませんよ。45分間じっとしているのはつらいと思いますので、ときどき配り係をお願いしています

保護者

> ありがとうございます。そうしていただけると助かります

きに学校ではどのような対応をしているのか、そして、その対応によって子どもにどのような変化がみられたのかなどを具体的的に話します。**伝えるべきポイントは、学校がどのような方針をもって指導や支援を行っているかということです。**

たとえ、子どもに期待するような変化がまだみられていないとしても、一定の方針のもと、子どもの支援に実際に取り組んでいるという点を保護者に知ってもらうことが重要です。

教員が子どもと真摯（しんし）に向き合い、なんらかの対応や支援をしているということがわかれば、保護者は安心し、教員を信頼することでしょう。

また、学校での対応のしかたについて、保護者から意見が出されたり、家庭で似たような状況が起きたときに、どんな対応をとっているかといった情報が提供されるかもしれません。家庭でうまくいっている支援法は、学校でも使える可能性があり、参考になります。このように、学校と家庭が情報交換することで、子どもにより適切な支援が行えるようになりますし、学校と家庭の共通理解、共通認識が進むことで、どの場面でも一貫した支援を行うことができるようになります。

1 行動

2 授業

3 生活面

4 対人関係

5 学習面

保護者との連携

《家庭 ▶ 学校》
**家庭の問題の
相談にのる**

保護者から、家庭における子どもの学習や生活の問題について相談される場合もあります。そのときは、**まず、家庭における問題について具体的に話してもらい、そのつまずきに、家庭でどのように対応しているのかを聞きます。** さらに、問題を解決するために、保護者から学校側に要望があれば、それについても話してもらいます。

問題解決のためのアイデアがあれば、教員から提案してみるのもよいでしょう。

また、保護者からとくに要望がなくても、学校側で特別な対応や支援ができそうなことがあれば、もちかけてみます。家庭のみ

の対応ではうまくいかないことも、学校が支援に加わり、連携することで解決できる場合が少なくありません。

さらに、**子どもが医療機関などに通院していて、医師などの専門家から適切な指導法のアドバイスを受けているようであれば、それも確認しておきましょう。**

新たな支援策について、家庭と学校の間で合意ができたら、一定期間その方法を試してみます。その結果、子どもの行動に改善がみられたかどうか、家庭と密に連絡をとりながら評価しましょう。改善の傾向がみられるのであれば、しばらくその方向性で対応を続けます。その間、常に家庭と連絡をとり合い、子どものようすの変化を注意深く観察し、子どもの行動を評価します。改善がみられない場合は、再び話し合って別の対応策を考えるようにします。

事例 ②

子どもが宿題をやらないケース

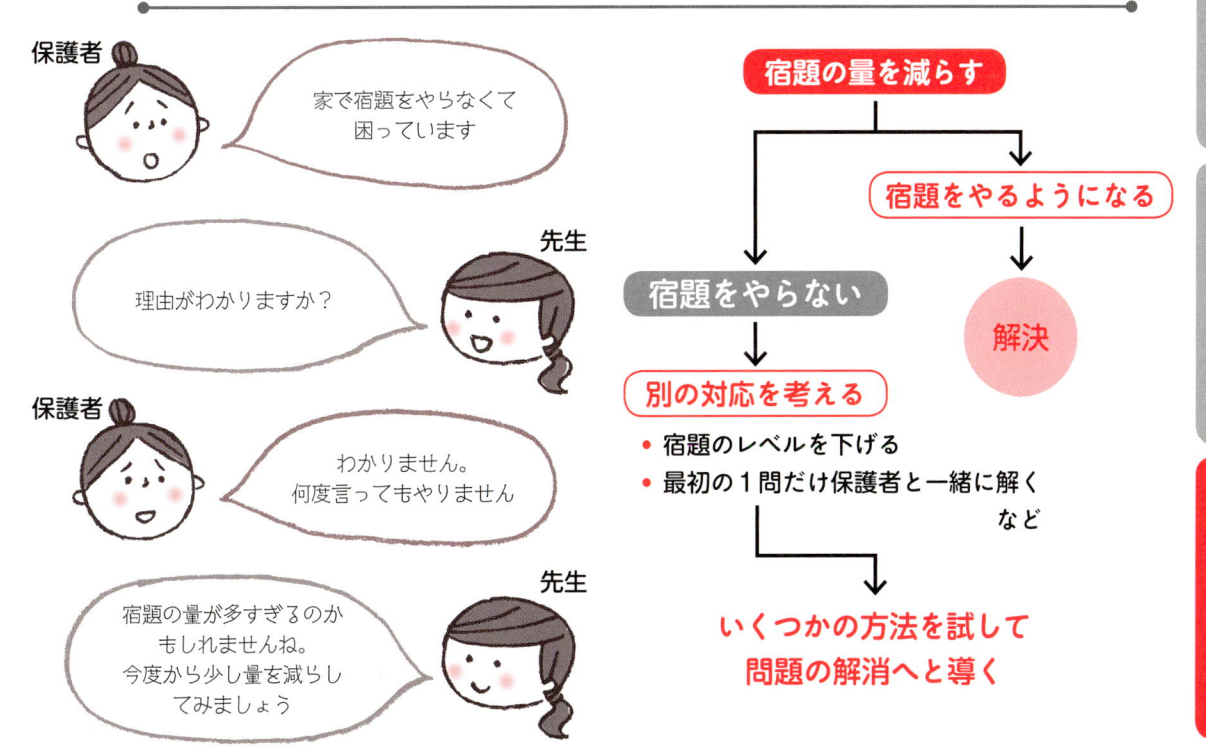

保護者：家で宿題をやらなくて困っています

先生：理由がわかりますか？

保護者：わかりません。何度言ってもやりません

先生：宿題の量が多すぎるのかもしれませんね。今度から少し量を減らしてみましょう

宿題の量を減らす
→ 宿題をやるようになる → 解決
→ 宿題をやらない → 別の対応を考える
- 宿題のレベルを下げる
- 最初の1問だけ保護者と一緒に解く
　　　　　　　　　　　　　　など
↓
**いくつかの方法を試して
問題の解消へと導く**

学校と家庭で
行動特性が異なる

教員は学校での子どもが、保護者は家庭での子どもが"本当の姿"だと思っています。しかし、保護者と情報交換をしたところ、学校でみられる子どものようすと、家庭における子どものようすが異なっていることに気づくことがあります。自分の知らない子どもの"横顔"を知って、お互いに驚くことも少なくないでしょう。

しかし、**子どもが生活場面によって自分を使い分けることはめずらしいことではないので、あまり深刻に受け止める必要はありません。**どちらも子どもの"本当の姿"と考えるようにしましょう。

違いが生じる背景はひとつではなく、いくつかの可能性が考えられます。たとえば、学校の集団生活がなじめない子どもにとってはストレスが多く、緊張のために家庭にいるときにはみられないようなようすが現れる可能性があります。また、同じ行動であっても、保護者がわが子をみる目と、他人である教員が児童の一人としてみる目では、おのずと見方が異なってきます。両者の受け止め方の違いが、そうした"ようすの違い"を生み出している可能性もあります。

いずれにしても、教員は家庭での子どものようすを、保護者は学校での子どものようすを率直に受け止め、それぞれの生活場面でどのような支援をすればよいかを一緒に考えることが求められます。

学校と家庭で子どものようすが異なる

1 行動

2 授業

3 生活面

4 対人関係

5 学習面

保護者との連携

《学校 ◀▶ 家庭》
登校したがらない

子どもの欠席が長引いたり、たびたび休むようになったりしたときは、**家庭から相談がなくても、学校側から連絡をし、子どものようすを聞くようにします。**欠席理由を確認し、保護者にも明確な原因がわからない場合は、学校のほうでも思い当たる事柄がなかったか確認する必要があります。

子どもが登校したがらない素振りをみせるようになったとき、多くの保護者はうろたえ、無理にでも登校させようとする場合があります。しかし、**子どもが学校生活のストレスなどで心身ともに疲れ切って、"S**OS" のサインを出していることも考えられるため、まず、心と体を休ませてあげましょう。本人の意思に反して登校を強要することは、さらなる体調の悪化につながるおそれがあるということを保護者に説明し、理解を促します。

子どもが休んでいる間も、保護者との定期的な連絡を怠らないようにし、家庭での子どものようすを電話などで確認するようにします。また、学校からのお知らせのプリントを届ける名目で自宅を訪問し、直接子どもと会話をすることが望ましいといえます。

休みが長引くと、本人だけでなく保護者も不安になるため、子どもの心身のエネルギーが回復するまで、学校が親子ともに支える思いで寄り添うことを心がけます。

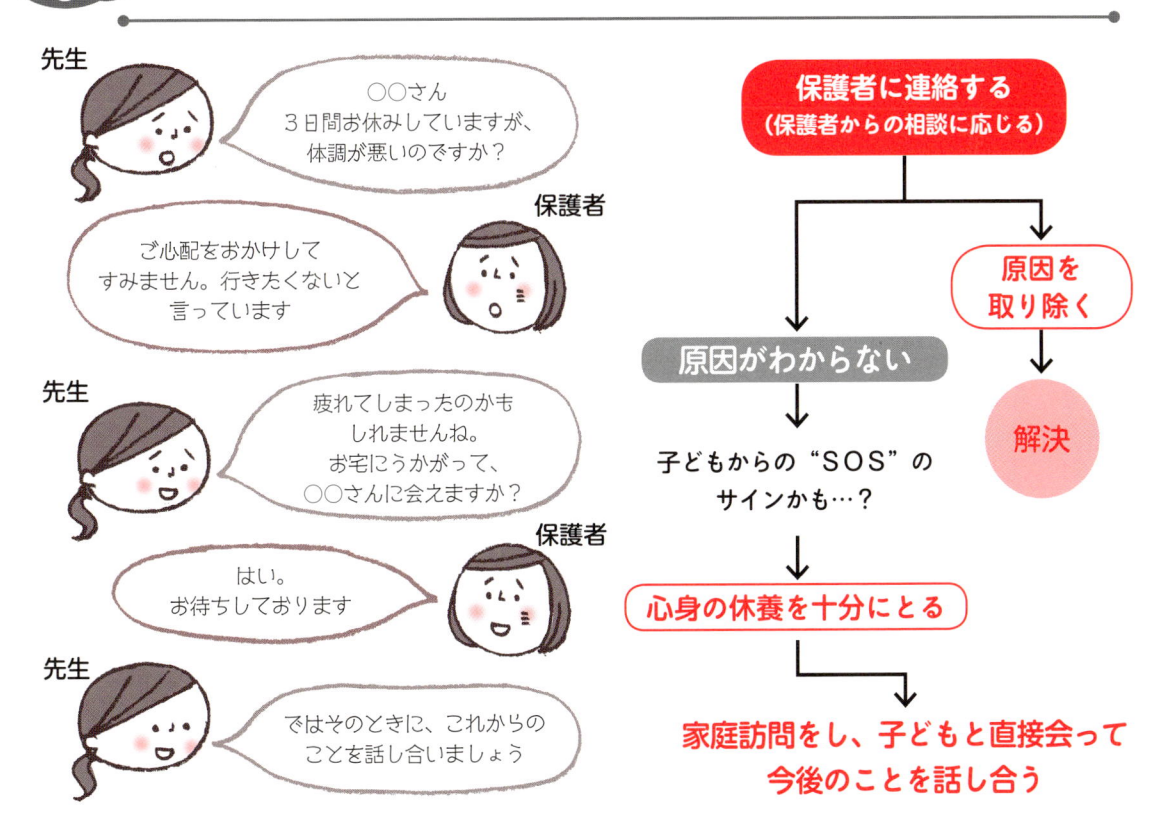

事例④ 登校しぶりがみられたり、休みがちになる

先生「○○さん 3日間お休みしていますが、体調が悪いのですか？」

保護者「ご心配をおかけしてすみません。行きたくないと言っています」

先生「疲れてしまったのかもしれませんね。お宅にうかがって、○○さんに会えますか？」

保護者「はい。お待ちしております」

先生「ではそのときに、これからのことを話し合いましょう」

保護者に連絡する（保護者からの相談に応じる）

原因がわからない

原因を取り除く → 解決

子どもからの "SOS" のサインかも…？

心身の休養を十分にとる

家庭訪問をし、子どもと直接会って今後のことを話し合う

専門機関と連携する

子どもに、より適切な支援を行うためには、外部の専門家や専門機関と連携をとり、協力を得ることが有効です。また、保護者が子どもとの接し方などで悩んでいるケースでは、医療や教育の専門機関を紹介するとよいでしょう。

専門機関との連携が必要な場合

子どもに発達障害などがあり、医療機関で治療を受けているケースでは、教員が担当の医師から障害の特性や学校として配慮すべき点について説明を受けたり、服薬による効果や副作用などの情報を得たりしておくことが有効です。

ただし、こうした専門機関と連携をとる場合は、事前に保護者と話し合い、学校と専門機関が連携することについて了承を得ておく必要があります。

例外的に、児童虐待（ぎゃくたい）などが疑われるようなケースでは、保護者に知らせずに専門機関と連携をとることができますが、慎重な対応が求められます。

また、保護者のほうから、子どもを診てもらっている医療機関や相談機関と連携をとってほしいという要望が出される場合もあります。そのときは、保護者の希望や、医療機関とのこれまでのかかわりについて、よく聞いたうえで対応するようにします。

医療機関などと連携がとれるようになれば、学校でもより適切な支援ができるようになるため、子ども自身にとっても大きなメリットとなります。

専門機関と連携するまでのプロセス

校内委員会

> **校内委員会で連携について検討する**

主治医の先生と連携をとりたいのですが…

> **保護者に連携について相談し了承を得る**

> **専門機関に連絡し、相談にのってもらう**

学校をはじめ、家庭や医療機関、相談機関など、子どもにかかわるすべての人が共通の認識をもち、共通の方針をもって一貫性のある支援をすることが望まれる

保護者に専門機関を紹介する場合

保護者が家庭において、子どもへの接し方などで悩んでおり、相談を受けたときは、必要に応じて医療機関や相談機関を紹介することも考えます。

ただし、タイミングは話し合いを重ね、お互いの信頼関係が十分に築けてからにすべきです。保護者との関係が築けていないうちに、医療機関などの受診をすすめることは好ましくありません。教員が子どもの支援や指導に、前向きに取り組む気がないように受けとられてしまうからです。

専門機関には、公的な相談機関のほか、民間の発達に関する研究や指導を行っている機関、発達障害の診断や治療を行っている医療機関などがあります。

教員は学校の生活場面で子どものつまずきや対応については理解していますが、障害そのものの知識や、将来の不安などに対しては、専門的な知識のある専門家の意見やアドバイスのほうが参考になります。

また、学校という集団生活の場で教員ができる支援と、家庭という私的な生活の場で親ができる支援は異なります。家庭で保護者が子どもにどう向き合えばよいのかということについて、適切な助言をもらえる専門機関を、適切なタイミングで紹介することが望ましいといえます。

なお、保護者に専門機関を紹介したあとに、そこに相談に行った結果、どのような情報や知識が得られたかなど、経過報告をもらうようにしましょう。保護者が専門機関で得た情報や知識は、学校での支援の参考にもなるはずです。

◆ 発達障害に関する相談機関 ◆

- ●児童相談センター
- ●教育相談センター
- ●保健センター
- ●地域の特別支援学級 など

各都道府県にある児童相談センターは学校とも連携している。ほかに、教育委員会が設置している教育相談センターや、特別支援教育に精通した特別支援学校（学級）などでも相談にのってもらえる

●発達障害の専門医がいる医療機関

小児神経科、児童精神科のほか、発達外来などの診療科がある医療機関で相談にのってもらえる。発達障害の診断や治療を受けるには、医療機関を受診する必要がある

1 行動
2 授業
3 生活面
4 対人関係
5 学習面
保護者との連携

子どもの困難に気づいてもらう

保護者が子どものつまずきに気づいていないケースもあります。気づきを促す試みも必要ですが、保護者が子どもの問題を認めたがらない場合もあります。保護者の心情を察し、押しつけにならないよう配慮しましょう。

保護者をせめない

保護者に対し、学校における子どもの気になるようすを伝えても、期待するような反応が返ってこないことがあります。

「忘れものが多い」「授業中に立ち歩いてしまう」「友だちとの衝突が多い」などと問題を伝えても、無関心のようにみえる保護者もいます。そうした保護者に、子どもが心配ではないのか、子どものことを真剣に考えていないのではないかと迫ったり、課題ばかりを話したりしても、なんの解決にもなりません。むしろ、なぜ問題意識がもてないのか、そこを考える必要があるのです。

保護者がひどく多忙で心に余裕がないケースでは、こういうことが起こりがちです。また、保護者が子どもの問題に薄々気づいていながら、それを受容しきれず、心の中で葛藤している場合もあります。

ですから、"無責任な親"だと決めつけずに、問題が認められないでいる保護者のありのままの姿を受け入れ、そうならざるをえない状況が背景にあると考えましょう。

そして、子どものことで保護者には大きなストレスや不安があるかもしれないと気づかい、寄り添うよう努めます。

子どもをほめることからはじめる

そうですか？

○○さんは作文が上手ですね

教員からほめられることで、保護者は自分では気づかなかった子どもの成長を知ることができる

子どもの学校の問題に目を向けようとしない保護者には、まず、子どもに関心を払ってもらうことが重要です。学校で、子どもが困った行動をとっているといった話ばかりを聞かされたら、保護者はますます心を

閉ざしてしまうでしょう。

　まずは、小さなことでもよいので、子どものがんばっているところを見つけてほめるようにしましょう。

　そうすれば、「学校ではがんばっているんだな」と、わが子に温かいまなざしを向けるようになるかもしれません。「お子さんは学校でがんばっていますよ、活躍していますよ」というメッセージを送ることが重要なのです。

　保護者が、授業参観や保護者会で来校したときは、できるだけこちらから声をかけるようにします。掲示してある子どもの作品などを紹介しながら、日ごろの子どものようすを伝えるとよいでしょう。

　しかし、なかには授業参観や保護者会にもほとんど参加できない保護者もいます。そうした保護者には、連絡帳などを使って子どものがんばりを伝えましょう。

教員の姿勢を伝える

　子どもの学校での成長を伝えていくなかで、保護者とコミュニケーションがとれるようになってきたら、教員が学校で子どもにどのように向き合っているか、どんな接し方を心がけているかを伝えてみましょう。

　子どものことを気にかけていることや、ほかの教員も見守っていること、そのなかで、子どもが伸び伸びと活動し、成長していることへの理解を促します。そして、教員の見守りのなかで、子どもに支援が必要な場面があることをさりげなく伝えます。

　保護者が教員を信頼してくれるようになれば、不安や悩みをもちかけてくるようになるかもしれません。それが、保護者と教員、学校と家庭の連携を築いていくことにつながります。

◆ 子どもを気にかけていることを伝える ◆

この間の体育では、最後まであきらめずに走ってゴールしました

係の仕事を、いつもきちんとしてくれます

先生はうちの子のことをちゃんとみてくれているのね…

教員側からの地道な働きかけによって、保護者が心を開き、子どもの問題に関心をもつようになることもある

保護者との面談の進め方

保護者と面談を行うときは、早めに連絡をとり、十分な時間がとれるタイミングを調整して予定を立てます。保護者が安心して話せる雰囲気をつくり、面談の内容を安易に外部にもらさないように守秘義務を守ります。

面談の設定のしかた

保護者との面談を設定する場合、日にちや時間の調整も重要ですが、何人で面談を行うかを決めることも大切です。

たとえば、保護者から質問されたことに、担任（担当）の教員だけではこたえられない場合も考えられるため、養護教諭や特別支援教育コーディネーター、学年主任なども同席したほうがよい場合があります。保護者の問い合わせ内容が想定できる場合は、それにこたえられそうな人を選んで同席してもらうようにします。だれが同席するかは事前に保護者に知らせておき、了承を得ておくようにします。

保護者から同席を希望する職員がいる場合は、できるだけ希望に沿うように調整しましょう。また、面談の目的を確認することと、質問や確認したいことがないか事前に聞いておき、面談の場でこたえられるよう準備します。

◆ 面談時の同席者は少なめに ◆

養護教諭の□□です

担任の○○です

教頭の△△です

学年主任の▽▽です

特別支援教育コーディネーターの◇◇です

学校側の人数が多くなりすぎると、保護者に威圧感を与えるので、担任の教員を除いて二人くらいまでに絞る

話しやすい環境を整える

通常、保護者との面談には教室を使いますが、廊下や校庭から人の話し声が聞こえてきたり、人の行き来が多かったりすると、落ち着いて話ができません。教室の外が騒がしいときは、人通りの少ない上階の教室などを使うようにします。

また、基本的に教室の出入りは遮断し、窓のカーテンも閉めるなどして外から中のようすがうかがえないように配慮します。

入り口に
「面談中」の
札を下げる

カーテンは
閉める

面談中

広い空間は落ち着かないため、机は
下げずに、教室の前方の机をつける

見通しを確認する	情報を伝える範囲を決める	断ったうえで記録をとりながら面談する
きょうの面談内容、面談にかかる時間の見通しを、保護者と一緒に確認する	面談内容をどの範囲の職員まで伝えてよいか、子ども自身には知らせるかどうかを決める	保護者から得た情報や、お互いの同意で決めたことなどを記録する

話の進め方

　はじめに、学校まで足を運んでもらったことへの感謝の気持ちを示しましょう。

　面談の大まかな流れは、まず保護者から自由に話をしてもらい、次に、教員が学校での子どものようすやつまずき、学校側で行っている指導や支援について説明します。家庭と学校のそれぞれの場面で、子どもがどのような問題を抱えているかが明らかになったところで、今後の接し方、支援の方法などについて話し合います。

　保護者から学校側に要望がある場合は、極力こたえるようにしますが、即答ができない要望については、「学年（学校）で相談してみます」と保留扱いにさせてもらい、後日、返答するようにしましょう。

信頼関係を保ち続けて

　面談によって、疑問や不安が解消され、その結果、教員と良好な関係が築けそうだと保護者に感じてもらうことができれば、その後も協力・連携関係を保ち続けることができるでしょう。

　面談の最後には、定期的に面談を行い、子どもの変化をすみやかにとらえ、適切な支援を行える体制をつくっていきたいという学校側の姿勢を示しましょう。さらに保護者には、いつでも気軽に学校に連絡してほしいと伝えます。

　子どもが少しでも安心して生活し、伸び伸びと成長していけるように、学校と保護者が信頼関係を保ち続けていくことが、なによりも重要だといえます。

1 行動
2 授業
3 生活面
4 対人関係
5 学習面
保護者との連携

●監修者　上野一彦（うえの・かずひこ）

東京大学教育学部卒業。同大学院を修了後、東京大学助手、東京学芸大学教授を経て、現在、東京学芸大学名誉教授。NHK厚生文化事業団理事、明治安田こころの健康財団理事、日本心理研修センター代表理事。LD教育の必要性を説き、支援教育を実践するとともに啓発活動を行う。1990年に全国LD親の会、1992年に日本LD学会の設立にかかわる。文部科学省「特別支援教育の在り方に関する調査研究」などの協力者会議委員、東京都「心身障害教育改善検討委員会」委員長、日本LD学会理事長等を歴任。特別支援教育士スーパーバイザー。著書に、『LDとADHD』『LDとディスレクシア』『LD教授（パパ）の贈り物　ふつうであるよりも個性的に生きたいあなたへ』（以上講談社）、『図解よくわかるLD』『図解よくわかる大人のアスペルガー症候群』『ケース別　発達障害のある子へのサポート実例集』（以上ナツメ社）など多数ある。監修者ブログ http://www.u-kaz.com

●著者　月森久江（つきもり・ひさえ）

日本女子体育大学体育学部卒業後、通常学級で教師として教鞭をとる傍ら、教育相談とLDについて研究する。杉並区立中瀬中学校通級指導学級担当を経て、現在、杉並区立済美教育センター指導教授、早稲田大学教育・総合科学学術院非常勤講師。日本LD学会認定特別支援教育士スーパーバイザー、日本教育カウンセラー協会認定上級教育カウンセラー、ガイダンスカウンセラー。文部科学省「小・中学校におけるLD、ADHD、高機能自閉症の児童生徒への教育支援体制の整備のためのガイドライン（試案）」策定協力者として特別支援教育コーディネーター部門担当リーダーを務める。第40回博報賞特別支援教育部門の個人賞、ならびに文部科学大臣奨励賞受賞。編書に『教室でできる特別支援教育のアイデア172　小学校編』（図書文化）、共著に『ケース別　発達障害のある子へのサポート実例集　小学校編』（ナツメ社）など多数ある。

●本文デザイン　　谷由紀恵
●本文DTP　　　　有限会社ゼスト
●執筆協力　　　　石原順子
●本文イラスト　　中小路ムツヨ
●校正　　　　　　株式会社鴎来堂
●編集協力　　　　本庄奈美（株式会社スリーシーズン）
●編集担当　　　　澤幡明子（ナツメ出版企画株式会社）

ナツメ社Webサイト
http://www.natsume.co.jp
書籍の最新情報（正誤情報を含む）は
ナツメ社Webサイトをご覧ください。

はったつしょうがい　　　　　　こ　　　　　　　べつ　　　　　　じつれい じ てん
発達障害のある子のケース別サポート実例事典

2018年5月2日　　初版発行
2018年10月1日　　第2刷発行

監修者　　うえ の かずひこ
　　　　　上野一彦　　　　　　　　　　　　　　　Ueno Kazuhiko, 2018
著　者　　つきもりひさ え
　　　　　月森久江　　　　　　　　　　　　　　　Ⓒ Tsukimori Hisae, 2018
発行者　　田村正隆

発行所　　株式会社ナツメ社
　　　　　東京都千代田区神田神保町1-52ナツメ社ビル1F（〒101-0051）
　　　　　電話　03（3291）1257（代表）　　FAX　03（3291）5761
　　　　　振替　00130-1-58661
制　作　　ナツメ出版企画株式会社
　　　　　東京都千代田区神田神保町1-52ナツメ社ビル3F（〒101-0051）
　　　　　電話　03（3295）3921（代表）
印刷所　　図書印刷株式会社

ISBN978-4-8163-6438-9　　　　　　　　　　　　　Printed in Japan